DES FOUS ET DES PRODIGUES

EN DROIT ROMAIN

DE L'INTERDICTION LÉGALE

ET

DE L'INTERDICTION JUDICIAIRE

EN DROIT FRANÇAIS.

PAR

FERNAND COCHARD

Avocat à la Cour d'Appel de Paris.

PARIS

F. PICHON, IMPRIMEUR-LIBRAIRE,

14, RUE CUJAS, ET 7, RUE VICTOR-COUSIN.

—

1876

THÈSE

POUR LE DOCTORAT

THÈSE

POUR LE DOCTORAT

DES FOUS ET DES PRODIGUES

EN DROIT ROMAIN

DE L'INTERDICTION LÉGALE

ET

DE L'INTERDICTION JUDICIAIRE

EN DROIT FRANÇAIS.

PAR

FERNAND COCHARD

Avocat à la Cour d'Appel de Paris.

L'acte public sur les matières ci-après sera soutenu le
jeudi 15 juin 1876, à 1 heure et demie.

PRÉSIDENT : M. MACHELARD,

SUFFRAGANTS :
MM. VUATRIN,
DUVERGIER,
BUFNOIR,
} PROFESSEURS.

GLASSON,
CAUWÈS.
} AGRÉGÉS.

PARIS

F. PICHON, IMPRIMEUR-LIBRAIRE,
14, RUE CUJAS, ET 7, RUE VICTOR-COUSIN.

1876

DROIT ROMAIN

DES ALIÉNÉS ET DES PRODIGUES

Celui qui n'a pas sa raison, ne saurait avoir la capacité et la responsabilité déparparties à tout homme sain d'esprit.

Le prodigue qui dissipe son patrimoine doit être protégé contres ses entraînements. C'est un devoir pour la famille, pour la société, de veiller à leurs intérêts.

La loi des Douze-Tables réglait la condition juridique des fous et des prodigues. Ulpien nous l'affirme : « Lex duodecim Ta« bularum *furiosum* itemque *prodigum*, cui « bonis iterdictum est, in curatione jubet esse agnatorum (1). »

Le texte même de cette loi nous est parvenu :

« Si furiosus est, agnotarum, gentilium-

---

(1) Regul. XII, § 2.
co. 122.

1

« que in eo pecuniaque ejus potestas
« esto (1). »

M. Ortolan complète ce texte avec celui
de Festus. et ajoute ce membre de phrase :
« Ast ei custos nec escit (2). »

Il le traduit ainsi :

« Pour le fou qui n'a pas de curateur, que
« le soin de sa personne et de ses biens
« soit à ses agnats et à défaut à ses gen-
« tils (3). »

La loi des Douze-Tables ne s'occupe ni de
tous les fous, ni de tous les prodigues.

Elle parle seulement du *furiosus*, c'est-à-
dire du fou qui a des intervalles lucides.

Et parmi les prodigues, ceux qui dissipent
les biens provenant de la succussion *ab intestat* de leurs agnats sont seuls incapables (4).

Il en résulte que ni le *mente-captus*, ni le
prodigue qui n'avait pas d'agnats, comme
l'affranchi, ni même celui qui avait recueilli
par testament la succession de ses agnats
ne se trouvaient parmi les incapbles.

Les Romains de cette époque avaient vu

---

(1) Cicéron, *De inventione* II-50.
(2) Festus, *De verborum significatione* V° nec.
(3) Livre I, p. 109.
(4) Ulpien, Regul. XII, § 3.

dans ces incapacités une mesure en faveur
de la famille plutôt qu'une protection accordée au fou ou au prodigue (1). C'est pourquoi
on ne prenait pas souci du *mente-captus*
incapable de toute volonté. Le prodigue qui
n'avait pas reçu le patrimoine de la famille
comme agnat habile à succéder, dissipait
son bien, et non celui de la famille, et échap-
pait par ce fait à la loi des Douze-Tables.

Tout autre est le point de vue auquel se
place le préteur. L'intérêt de la famille ne
disparaît pas, mais l'intérêt de l'individu
touche plus particulièrement le magistrat.

Aussi, le *mente-captus*, les sourds et muets
ceux qui souffrent d'une maladie incurable,
sont assimilés au *furiosus* (2).

Tous les prodigues sont interdits : « A præ-
« tore constituitur curator, quem ipse præ-
« tor voluerit libertinis prodigis itemque
« ingenuis, qui ex testamento parenti here-
« des facti, male dissipant bona : His enim
« ex lege curator dari non poterat, cum in-
« genuus quidem, non ab intestato, sed ex
« testamento heres factus sit patri : Liber-
« tinus autem nullo modo patri heres fieri

---

(1) Accarias, t. I, n° 16⁷.
(2) Inst., Liv. 1. Tit. 23, § 4.

« possit, qui nec patrem habuisse videtur :
« cum servilis cognatio nulla sit (1). »

Ce sont les mêmes personnes qui sont incapables dans le droit de Justinien.

A cette époque les lois en cette matière s'appliquent à tous les fous et à tous les prodigues *sui juris majeurs de vingt-cinq ans.*

Sui juris : Car le fou en puissance paternelle n'était pas en curatelle (2)

Majeurs de vingt-cinq ans : Car la curatelle donnée à l'impubère fou ou au mineur de vingt-cinq ans avait pour cause l'âge et non la folie (3).

On a coutume, et il en ainsi dans la plupart des textes, de parler à la fois des fous et des prodigues. Leur condition juridique est cependant bien différente.

Le point de départ de leurs incapacités n'est pas la même.

Pour le fou : Son incapacité éclate de plein droit avec la maladie mentale (4).

Pour le prodigue, au contraire, elle ne résulte que de la sentence d'interdition prononcée par le magistrat.

---

(1) Ulpien, Regul. XII, § 3. — Voyez aussi Paul, loi 2, D. liv. 27, tit. 10.

(2) Loi 7, pr. C. Liv. 5. Tit. 70.

(3) Loi 3 pr. D. Liv. 26, tit. I. — Demangeat, t. 1, p. 387.

(4) Accarias, t. 1, n° 171.

On a contesté, il est vrai, cette solution.

On a cité Ulpien (1); et on a essayé de démontrer que le prodigue était interdit par la loi, dès qu'il se livrait à des prodigalités. Mais outre qu'il serait parfois difficile d'établir le moment précis où les dépenses excessives ont commencé, ce serait favoriser toutes les fraudes des prodigues. La prodigalité ne se perçoit pas aussi facilement que la folie, et il est nécessaire qu'une sentence du magistrat avertisse les tiers.

Nous avons un texte qui combat cette opinion (2), et Paul nous a conservé la formule de l'interdition : « Moribus *per prætorem* « bonis interdicitur, hoc modo : Quando tibi « bona paterna avitaque nequitia tua disper- « dis, liberosque tuos ad egestatem perdu- « cis, ob eam rem tibi ea re commercioque « interdico (3). »

Le point de départ des incapacités n'est donc pas le même.

La durée de ces incapacités n'est pas la même non plus.

Tandis que le fou dans ses intervalles lucides recouvrait sa capacité, était considéré

---

(1) Regul, XII, § 2.
(2) Loi 10, pr. D. Liv. 27, tit. 10.
(3) Seutences III-4A. § 7.

comme un homme qui a toujours joui de sa raison (1), le prodigue restait dans un état continuel d'incapacité, jusqu'à ce qu'une sentence du magistrat l'eût relevé de son interdiction.

Enfin nous trouvons une différence encore plus notable, quand nous considérons le caractère de ces incapacités. Le fou est absolument incapable de tout acte quand il n'est pas dans un intervalle lucide. Le prodigue, au contraire, est assimilé au pupille en ce point. Il peut rendre seul sa condition meilleure mais il a besoin du *consensus* de son curateur, quand il s'agit d'un acte qui pourrait rendre sa condition pire.

---

(1) Inst., liv. II, tit. 12, § 1.

CHAPITRE PREMIER

CONDITION JURIDIQUE DES ALIÉNÉS ET DES PRODIGUES.

SECTION PREMIÈRE.

DROIT PUBLIC.

§ I. *Fonctions publiques.*

Le magistrat qui devenait fou conservait les fonctions qu'il avait au moment où la folie avait commencé (1). Il est certain qu'il n'exerçait pas ses fonctions, il fallait attendre pour cela un intervalle lucide. Si le préteur ou le président de la province avait, alors qu'il était atteint de folie, donné un tuteur ou un curateur, ce tuteur ou ce curateur n'était pas valablement donné ,

---

(1) Loi 20. D. Liv. 1, tit. 5.

parce qu'il faut que le magistrat comprenne ce qu'il fait.

Le *furiosus* pouvait être nommé juge même pendant ses accès de folie (1). On attendait pour qu'il jugeât qu'il fût dans un intervalle lucide. Cependant Paul semble dire que si la folie se prolongeait, il était d'usage de le remplacer pour éviter que les procès ne restassent trop longtemps en suspens (2).

Il existe une légère contradiction entre les textes que nous venons de citer. Elle disparaît quand on considère que Paul parlait d'un fou qui n'avait pas d'intervalles lucides. En effet, dans ce cas, il est inutile d'attendre, le fou ne sera jamais en état de juger le procès (3).

Aucun texte ne s'oppose à ce que le prodigue soit magistrat ou juge. Cependant il ne pourrait pas être juge s'il avait été chassé du Sénat (4).

---

(1) Loi 39, pr. D. Liv. 5, tit. 1.
(2) Loi 46. D. Liv. 5, tit. 1.
(3) Loi 12, § 2. D. Liv. 5, tit, 1.
(4) Loi 12. § 2, D. Liv. 5, tit. 1.

§ II. *Responsabilité pénale.*

Il ne saurait être question de restreindre la responsabilité du prodigue, il comprend à merveille ce qu'il fait et n'a pas d'excuses lorsqu'il commet un crime ou un délit.

Le fou, au contraire, quand il ne se trouve pas dans un intervalle lucide, ne peut être responsable de ses actes. Son esprit troublé ne commande plus à sa volonté, et c'est avec raison que les Romains ne le rendaient pas responsable de ses crimes ou de ses délits (1).

C'est ainsi que Marc-Aurèle et Commode ont décidé qu'un *furiosus* qui avait tué sa mère ne devait pas être puni s'il avait commis le crime pendant une période de folie. La justice, au contraire, devait avoir son cours s'il avait tué sa mère pendant un intervalle lucide (2). Cette distinction est très-sage, car le fou, dans une période de rémission, sait très-bien ce qu'il fait et ce qu'il veut.

On a décidé pareillement que le fou ne

---

(1) Loi 9, § 2. D. liv. 48. tit. 9.
(2) Loi 14. D. Liv. 1, tit. 18.

pouvait être déclaré coupable du délit d'injures (1).

Il n'est pas soumis à la loi *Cornelia* : *De sicariis* et ne peut être condamné pour homicide (2),

Il en est de même de tous les autres crimes et délits. La volonté lui manque pour lui en attribuer la responsabilité.

SECTION II.

DROITS DE FAMILLE.

§ I. *Mariage.*

Il ne peut être question de fiançailles quand l'un des contractants est fou (3). Les fiançailles, en effet, exigent le consentement des personnes qui contractent, et le fou est hors d'état de donner ce consentement (4).

Pour le même motif, le fou ne peut contracter mariage pendant une période de folie (5).

---

(1) Loi 3, § 1. D. Liv 47, tit. 10.
(2) Loi 12, D. Liv. 48, tit. 8.
(3) Loi 8. D. Liv. 23, tit. 1
(4) Loi 4, D. Liv. 23, tit. 1.
(5) Loi 2. D. Liv. 23. tit. 2.

Mais si le fou a contracté mariage avant d'être atteint de ce mal ou pendant un intervalle lucide, sa folie sera-t-elle une cause de dissolution du mariage ?

Elle n'est pas une cause de dissolution du mariage *de plano*, mais, dans certains cas, elle peut devenir une juste cause de divorce.

La personne folle ne peut envoyer le *libellum repudii*, elle n'a pas la volonté nécessaire pour faire valablement cet acte, mais le père de la femme folle peut le faire. Il peut agir *utilement* pour se faire restituer la dot (1).

Le conjoint sain d'esprit peut toujours envoyer le *libellum repudii*, mais une autre question plus importante se présente : Aux dépens de qui le divorce sera-t-il prononcé ? Quel est celui de deux conjoints qui sera frappé des peines pécuniaires? (2).

Le divorce sera prononcé contre celui qui l'aura demandé si son conjoint est atteint

---

(1) Loi 22, § 7. D. Liv. 24, tit 3. — Loi 4. D. Liv. 24, tii. 2, et loi 22, § 9. D. Liv. 24, tit. 3.

(2) Quand le divorce était prononcé par la faute du mari, il était obligé de restituer la dot non plus par tiers et dans l'espace de trois ans. mais par paiements faits de six mois en six mois, et si sa conduite avait donné lieu à des reproches

d'une folie non furieuse avec intervalles lucides.

Aucun des époux ne subira les pénalités dont nous venons de parler dans le cas de folie furieuse sans espoir de guérison.

Dans la première hypothèse, on manque aux devoirs du mariage en demandant le divorce, dans la seconde on ne peut être contraint à s'exposer à des dangers continuels (1).

Léon le philosophe modifia cette législation par deux novelles fort obscures.

Dans la première, la novelle 111, il prévoit le cas où la femme serait folle. Si son mari n'a pas causé sa folie, il pourra demander le divorce lorsqu'au bout de *trois ans* la femme ne sera pas guérie.

Mais si le mari a, par des sortiléges, déterminé la maladie mentale de la femme, il sera mis dans un cloître.

Dans la seconde, la novelle 112, il est question de la folie du mari : la femme pourra

---

graves, le remboursement pouvait être exigé immédiatement.

La femme, cause du divorce, perdait tantôt la sixième. tantôt la huitième partie de sa dot, (Ulpien, Regul. VI §§ 12 et 13).

Des peines plus graves furent même instituées par les empereurs.

(Demangeat, t. I, p. 266 et p. 270).

(1) Loi 22, § 7. D. Liv. 24, tit. 3.

divorcer quand, *après cinq ans*, le mari sera encore fou.

Si on s'apercevait de la folie le jour du mariage, on ne donnait pas suite à cette union.

Le prodigue peut-il se marier sans avoir obtenu le *consensus curatoris?*

Nous savons que le prodigue ne peut pas rendre seul sa condition pire.

Le mariage est-il un acte qui rende sa condition pire?

Le mariage n'est pas un acte commercial dont on puisse dire qu'il rend la condition de quelqu'un meilleure ou pire. Je ne conteste pas qu'il ait des conséquences pécuniaires, mais ce sont les conséquences du mariage, et non le mariage lui-même.

C'est un acte éminemment personnel, et qui ne saurait rentrer dans les pouvoirs du curateurs des prodigues. Ces pouvoirs se bornent à l'administration des biens. Or ce que le curateur n'a pas le droit de faire, le prodigue doit le faire seul. Sa capacité est limitée par les pouvoirs du curateur. Quand ils s'arrêtent; la capacité du prodigue rentre dans le droit commun.

Enfin sous l'empire des lois caducaires n'était-ce pas rendre sa condition meilleure que de se marier, et ne serait-il pas fâcheux de faire dépendre du *consensus curatoris* le mariage du prodigue ?

Du reste la question n'a pas une importance capitale, le prodigue peut se marier, avec ou sans le *consensus* de son curateur, suivant la solution qu'on adopte.

Quoiqu'il en soit la femme pouvait demander le divorce à cause de la prodigalité de son mari (1).

§ II. *Puissance paternelle.*

Une des conséquences du mariage est l'acquisition de la puissance paternelle sur les enfants issus de ce mariage. Pour le prodigue et pour le fou la réponse est la même : La puissance paternelle leur est acquise par le fait de la naissance de l'enfant (2).

La puissance paternelle s'acquiert encore par des moyens civils tels que l'adoption et l'adrogation.

Comme ces modes d'acquisition exigent le consentement de la part de l'adoptant et de l'adrogeant, ils sont interdits au fou.

---

(1) Léon le philosophe, novelle 112.
(2) Loi 8. D. Liv. 1, tit. 6.

Pour le prodigue nous répéterons ce que nous avons dit pour le mariage. Ces actes ne rendent sa condition ni pire ni meilleure. Il est possible cependant que lorsque l'adoption consistait en des mancipations successives, il ne pouvait pas adopter. Encore a-t-on soutenu que le prodigue pouvait rendre sa condition meilleure en recevant une mancipation (1).

Si nous étudions les textes nous voyons que jusqu'à Claude le curateur n'intervient pas dans ces actes. Donc le prodigue pouvait adopter, adroger et être adrogé sans avoir besoin du *consensus curatoris*. Sous Claude le prodigue qui veut se donner en adrogation doit obtenir le consentement de tous ses curateurs, car de cette façon il met fin à leur caratelle. Hors ce cas nous pouvons dire que le curateur n'intervient pas, et que le prodigue peut seul adopter et adroger (2).

Le prodigue pourra exercer la puissance paternelle toutes les fois qu'il rendra sa condition meilleure.

Quand l'exercice de la puissance paternelle n'exigera pas de la part du fou une manifes-

---

(1) M. Accarias, t. I. n° 171, note 1,

(2) Loi 8. D. Liv. I, tit. 7, et loi 5, C. Liv. 5, tit. 59.

tation de la volonté, il pourra l'exercer (1).

Mais si l'exercice réclame la volonté, la puissance du père de famille fou est entravée.

Un des cas les plus connus parce qu'il a donné lieu à controverse était celui-ci :

Le fils de famille voulait se marier, le père devait donner son consentement, or dans l'espèce il ne le pouvait pas.

Les jurisconsultes admettaient que la fille de famille put se marier sans le consentement de son père. Les conséquences n'étaient pas fort graves pour le père. Les enfants qui naissaient de ce mariage ne passaient pas sous sa puissance.

Mais il y avait de nombreuses controverses à l'égard du fils de famille. Pour trancher le debat, Marc-Aurèle dans un rescrit dispense du consentement du père les fils du *mente captus*.

Le résultat de ce rescrit fut de faire naître de nouvelles controverses.

On discuta le point de savoir si Marc-Aurèle avait entendu parler de tous les fous, ou seulement du *mente captus* par opposition au *furiosus*. On fit ressortir la différence qui

____

(1) Loi 8. D. Liv, I, tit. 6.

existait entre l'un et l'autre cas. Si le père est *furiosus* le fils peut attendre un intervalle lucide pour obtenir son consentement. S'il est *mente captus*, jamais il ne pourra donner son consentement.

Justinien trancha cette controverse en dispensant du consentement du père tous les enfants *des fous* (1).

§ III. *Pouvoir tutélaire.*

Le fou quand il etait dans une période de folie était incapable d'administrer ses biens, par la même raison il était incapable d'administrer ceux des autres.

Mais l'aliénation mentale était-elle une excuse perpétuelle ou une excuse temporaire?

Le tuteur désigné par testament avec cette mention : *cum furere desierit* était remplacé par un tuteur intérimaire, et lorsqu'il était guéri prenait l'administration des biens du pupille.

Mais les jurisconsultes n'étaient pas d'accord quand la désignation du tuteur avait été faite purement et simplement.

---

(1) Loi 25, C. Liv. 5, tit, 4.
co. 122.

Les uns, comme Pomponius, sous entendaient : *cum furere desierit* et pensaient que la folie n'était dans tous les cas qu'une excuse temporaire.

Les autres, comme Proculus, y voyaient une cause d'excuse perpétuelle.

Ulpien qui nous raconte cette controverse, Paul étaient partisans du système de Pomponius (1).

Cependant Paul déclare que plusieurs sénatus-consultes ordonnèrent de remplacer complétement le tuteur *furiosus* par un autre tuteur. C'était en faire une excuse perpétuelle (2),

Plus tard une constitution de Philippe décide que les *furiosi* seront pour toujours excusés de la tutelle et de la curatelle (3).

Enfin sous Justinien la *furor* n'est plus qu'une excuse temporaire (4).

Le magistrat pourra écarter de la tutelle et de la curatelle le prodigue qui a de mauvaises mœurs ou qui administrerait mal. On pourrait appliquer cette règle générale des Insti-

---

(1) Loi 10, § 3. D. Liv. 26, tit. 2. — Loi 11. D. Liv. 26, tit. 1, — Loi 12 pr. D. Liv. 27, tit. 1.

(2) Loi 17. D. Liv. 26, tit I.

(3) Loi unique, C. Liv. 5, tit. 67.

(4) Inst. Liv. I, tit. 14, § 2.

tutes : Celui qui est incapable d'administrer sa fortune, ne saura pas mieux gérer celle d'autrui (1).

§ IV. *Puissance dominicale.*

Le prodigue peut par ses esclaves rendre sa condition meilleure.

L'esclave du fou, qui avait été mis aux fers par lui et qui plus tard était affranchi, n'était par rangé parmi les déditices. On fait ici exception parce qu'on pense que le fou ne s'est pas rendu compte des conséquences de cette punition (2).

SECTION III.

DE L'INCAPACITÉ DES ALIÉNÉS ET DES PRODIGUES QUANT AUX BIENS.

§ I. *De la possession.*

A. *Conservation de la possession.* — Le prodigue rend sa condition meilleure en conservant la possession. Il est susceptible d'avoir l'*animus possidendi*.

---

(1) Inst. Liv. I, tit. 25, § 13.

(1) Sentences de Paul, Livre 4, tit. 12, § 7.

On ne saurait en dire autant du fou. Mais s'il faut un élément intentionnel pour conserver la possession, il en faut un autre contraire pour la perdre. Il faut *l'animus non possidendi*. Or, le fou ne peut pas plus manifester le second que le premier. On se trouve alors en présence de deux systèmes.

Le premier s'attache à *l'animus possidendi* et le fou ne l'ayant pas, devrait logiquement perdre la possession.

Le second s'attache à *l'animus non possidendi* et conclut que le fou n'a pas pu perdre la possession. C'est ce que Proculus déclare : La folie n'est pas une cause de perte de la possession. (1).

Papinien semble suivre le premier système, car bien qu'il admette en fait la même solution que Proculus, elle est suivant lui exceptionnelle.

On a permis *utilitate suadente* à l'aliéné, de conserver la possession (2).

B. *Acquisition de la possession.* — Acquérir la possession d'une chose, c'est rendre sa condition meilleure ; c'est donc par le même motif que précédemment, que nous

---

(1) Loi 27. D. Liv, 41, tit. 2.
(2) Loi 44, § 6. D. Liv. 41, tit. 3.

admettrons la capacité du prodigue en cette matière (1).

La possession s'acquiert *animo et corpore*. Le fou ne peut acquérir la possession faute d'*animus* (2).

Cela est tellement vrai que si la personne qui a contracté avec lui, a livré l'objet du contrat; elle perd par ce fait la possession, sans pour cela la faire acquérir au fou (3).

C. *Perte de la possession*. — Le prodigue ne peut aliéner la possession d'une chose sans le *consensus* de son curateur. En effet, il ne saurait rendre seul sa condition pire (4).

L'aliéné ne peut perdre la possession que *corpore tantum*. C'est ce qui ressort des principes que nous avons déjà établis.

§ II. *De la propriété.*

A. *Conservation de la propriété*. — Les raisons que nous avons donné pour la conservation de la possession peuvent être in-

---

(1) MM. Accarias, t. I, n° 171, Demangeat, t, I, p. 386. — Loi 6, D. Liv. 45, tit. I.

(2) Sentences de Paul, Liv. 5, tit. 2, § 1. — Loi 1, § 3. D. Liv. 41, tit. 2.

(3) Loi 18, § 1 D. Liv.. 45. tit, 2.

(4) Loi 10 pr. D. Liv. 27, tit. 10.

voquées en faveur de la conservation de la
propriété.

Nous avons même un texte formel qui dit
que le fou conserve la propriété de ses biens :
« *Rei suæ dominium pertinet* (1).

B. *Acquisition de la propriété.* — L'aliéné
ne peut acquérir la propriété par aucun des
modes qui exigent le consentement.

La *mancipatio*, la *cesssio in jure*, lui sont
interdites. Il en est de même pour l'*occupa-
tion* et la *tradition* (2), qui supposent la volonté d'acquérir la possession.

L'*usucapion* est basée sur la possession.
Nous savons que le fou ne peut l'acquérir.
Mais s'il avait commencé à posséder avant
sa folie, on lui permettait de conserver la
possession de cet objet et il arrivait ainsi à
l'usucaper (3). Il pourra donc usucaper dans
certains cas seulement.

L'*accession* étant une conséquence du droit
de propriété, qui s'exerce à l'insu du propriétaire, contre son gré (4), est un mode
permis au fou.

Le legs *per vindicationem*, qui seul d'abord

---

(1) Loi 20. D. Liv. I, tit. 5.
(2) Loi 18. D. Liv. 41, tit. 2.
(3) Loi 4, § 3. D. Liv. 41, tit. 3.
(4) Ortolan, t. II, n° 367.

opérait transport de la propriété (1) était accessible à l'aliéné. Tous les legs furent ensuite une cause d'acquisition de la propriété (2).

L'aliéné peut acquérir ce qui lui arrive par legs et fidéicommis.

En résumé le fou ne peut acquérir que par l'accession, par la loi, et dans certains cas par l'usucapion. Tous les autres modes ne sauraient lui conférer la propriété, car ils exigent la manifestation d'une volonté qu'il ne peut donner.

Ce que nous venons de dire s'applique également aux démembrements de la propriété.

Le fils de famille, l'esclave, peuvent acquérir la propriété pour le père de famille atteint de maladie mentale (3).

D'après les principes le prodigue peut acquérir la propriété (4). Cependant on oppose à cette doctrine un texte ainsi conçu : « Furiosi vel ejus cui bonis interdictum est nulla voluntas est. » (5)

---

(1) Ulpien, Regul. XXIV, §§ 3, 4, 5, 6.
(2) Inst. Liv. II, tit. 20, § 2.
(3) Loi 8, § 1. D. L, I, tit. 6.
(4) Loi 6. D. Liv. 45, tit. 1.
(5) Loi 40. D. Liv. 50. tit. 17.

On en tire cette conséquence : le prodigue comme le fou ne peut acquérir la propriété quand il est nécessaire de manifester sa volonté.

Ce texte de Pomponius et les conséquences qu'on en tire se trouvent en contradiction avec le texte que nous avons cité précédemment.

On a tenté de concilier ces deux textes de différentes façons :

Un premier système consiste à rattacher le texte de Pomponius à d'autres lois du même auteur, de manière à établir qu'il est ici question d'une hypothèse spéciale.

On fait remarquer que ce texte est intitulé : *Pomponius, lib.* 34, *ad Sabinum.* On le rapproche de la loi 20, au Digeste. liv. 39, titre 3, qui porte exactement le même titre, en ce sens qu'elle est du même auteur, *Pomponius,* du même ouvrage *ad Sabinum.* du même *livre* 34.

On en conclut que ces deux lois devaient viser la même matière, et on les fait précéder de la loi 19, au Digeste. livre, 39, titre III, qui établit l'hypothèse.

On les range dans l'ordre suivant.

Loi 19. Labéon dit : Si mon voisin me laisse faire des travaux ayant pour but d'envoyer sur son fonds et à son détriment l'eau de pluie, il n'aura plus contre moi l'action *aquæ pluviæ arcendæ*.

Loi 20. — Mais il n'en sera pas ainsi, et il est victime de son erreur et de son inexpérience, car celui qui se trompe n'a pas du tout la volonté qu'on lui suppose.

Loi 40. — Le fou et le prodigue ne l'ont pas non plus.

Le sens est tout différent, et Pomponius a raison dans cette hypothèse. L'interdit ne peut avoir la volonté de rendre sa condition pire, en laissant exécuter des travaux qui lui nuisent, et en perdant l'action *aquæ pluviæ arcendæ*, par laquelle il pourrait demander la destruction de ces travaux.

Le second système arrive à la conciliation par le raisonnement. Comme interdit, le prodigue n'a aucune volonté, mais l'interdiction ne frappe que les actes qui rendraient sa condition pire. Les actes que nous étudions rendant sa condition meilleure, échappent par conséquent à l'interdiction, et sont régis par le droit commun.

C'est la véritable solution suivant nous, et nous l'avions donnée sous une autre forme pour le mariage du prodigue.

Le prodigue peut acquérir la propriété par ses esclaves et par ses fils de famille.

G. *Perte de la propriété.* — Le prodigue ne peut aliéner sans le consentement de son curateur (1).

Le fou ne peut perdre la propriété par *mancipatio*, par *cessio in jure*, par *tradition*, et nous verrons plus tard gu'il ne peut transférer la propriété par legs, s'il n'est pas dans un intervalle lucide quand il fait son testament.

Mais nous savons que l'aliéné peut perdre la possession *corpore tantum*. Une personne pourra donc acquérir cette possession, et usucaper la chose qui en fait l'objet (2).

§ III. *Obligations.*

A. *Création des obligations.* — Les sources des obligations sont :

Les contrats, les quasi-contrats, les délits, les quasi-délits.

1° *Contrats.* — Le fou, pendant des

---

(1) Loi 10 pr. D. Liv. 27, tit. 10.
(2) Loi 13, § 1. D. Liv. 41, tit. 3.

périodes de folie ne pouvant manifester sa volonté ne peut contracter.

A défaut d'obligations civiles, le contrat, que le fou aurait voulu faire, ne donnerait-il pas naissance à des obligations naturelles dans certains cas determinés?

Cette hypothèse ne saurait se présenter pour l'aliéné, nous dit-on. En effet, ou le fou était dans un intervalle lucide et alors l'obligation qu'il a contractée est une obligation civile, ou le fou était dans une période de folie, et comme même pour une obligation naturelle le consentement est nécessaire; le fou n'ayant pu donner ce consentement, ne peut être tenu même naturellement.

On nous cite d'ailleurs le texte suivant :
« Is cui bonis interdictum est, stipulando
« sibi acquirit, tradere vero non potest, vel
« promittendo; et ideo nec fidejussor pro eo
« intervenire poterit, *sicut nec pro fu-*
« *rioso*(1). »

Cette loi a trait à la fidejussion. Elle ne saurait avoir lieu là où l'obligation principale manque, et n'existe même pas naturellement. Si la prétendue obligation du prodigue et du fou ne peut donner lieu à fidé-

---

(1) Loi 6. D. Liv. 45, tit. 1.

jussion, c'est que ce n'est pas une obligation même naturelle.

A ce texte d'Ulpien nous opposons un autre texte d'Ulpien :

« Marcellus scribit : Si quis pro pupillo,
« sine tutoris auctoritate obligato, *prodigo*
« *ve vel furioso fidejusserit*, magis esse est
« (ei ou his) non subveniatur, quoniam
« (his ou ei) mandati actio non compétit (1). »

On a essayé d'expliquer ces deux lois :

I. — Cujas et Pothier supposent qu'il s'agit dans la loi 25 d'un incapable obligé *quasi ex contractu.* Cette obligation peut exister, nous le verrons un peu plus loin.

Pour soutenir son assertion Cujas invoque un texte de Gaius ainsi conçu :

« Si a furioso stipulatus fueris, non posse
» te fidejussorem accipere certum est; quia
« non solum ipsa stipulatio nulla interces-

______

(1) Loi 25. D. Liv. 46, tit. 1. — La traduction elle-même de cette loi prête à la controverse. — Les uns donnent au mot *quoniam* un sens disjonctif et le traduisent par l'expression : *bien que.* Le sens de cette phrase serait : le fidéjusseur reste obligé, bien qu'il n'ait pas contre les incapables l'action de mandat.

Une autre version consiste à mettre *his* à la place de *ei* la première fois et réciproquement la seconde. On traduit alors : « Il n'est pas besoin de venir en aide à ces personnes, puisque le fidéjusseur ne peut avoir contre elles l'action de mandat. »

— 29 —

« sisset, sed ne negotium quidem ullum ges-
« tum intelligitur.

« Quod si pro furioso *jure obligato*, fide-
« jussorem accepero, tenetur fidejussor. »
(Loi 70 § 4, D. Liv. 46. tit. I.)

Il y a dans ce texte deux parties distinctes. Suivant Cujas, la première ser-
virait à expliquer la loi 6 *De verborum obligationibus*, et la deuxième loi 25 *De fidejussoribus*.

On répond à cette doctrine :
Si le fidéjusseur ne peut agir comme mandataire, on ne saurait du moins lui refuser
l'action *negotiorum gestorum*, car en payant
il aura libéré l'insensé.

Or, il est constant qu'à Rome l'aliéné était
tenu à la suite de la gestion d'affaire. Nous
avons un texte formel sur ce point (1).

Donc si le fidéjusseur a l'action *negotiorum
gestorum*, il est puéril de nous faire remarquer qu'il n'a pas l'action de mandat.

La loi 25 *de fidejussoribus* ne s'applique
pas à ce cas.

II. — D'après M. Ortolan (2), il résulte
des lois 26 *De verborum obligationibus* et 25

---

(1) Loi 3, § 5. D. Liv. 3, tit. 5.

(2) T. III, § 1805. — **Explication historique des Instituts de
Justinien.**

de fidejussoribus que la jurisprudence n'était pas fixée sur ce point, et qu'elle tendait plutôt à ne pas même reconnaître une obligation naturelle dans les engagements de l'incapable.

On répond que la jurisprudence, il est vrai, a varié à Rome, mais jamais à ce point que le même auteur reproduisit dans deux textes deux opinions diamétralement opposées.

III. — « Quant à moi, dit M. Deman-
« geat (1), je ne puis admettre que Marcellus
« ait ainsi sous-entendu dans la loi 25 *de*
« *fidej.* cette circonstance essentielle que le
« pupille, le prodigue interdit, et le *furiosus*
« étaient valablement obligés. Je soupçonne
« que ce sont les commissaires de Justinien
« qui ont maladroitement corrigé le texte
« da Marcellus. Sans doute Marcellus avait
« écrit : Si quis pro popillo sine tutoris
« auctoritate obligato, prodigove vel furioso
« *spoponderit* aut *fidepromiserit*..... et alors
« la décision était parfaitement conforme à
» ce que nous savons du sponsor et du fide-
« promissor. »

La *sponsio*, la *fidepromissio* n'ont pas be-

---

(1) *Cours élémentaire de Droit romain*, t. II, p. 276.

soin de la validité de l'obligation principale pour exister.

Gaius nous dit qu'on peut valablement se porter *sponsor* ou *fidepromissor*, bien que celui qui ait promis soit incapable de contracter une obligation (1).

L'hypothèse ainsi arrangée se conçoit fort bien.

L'obligation principale, celle du pupille, du prodigue, du fou fait défaut, est nulle dans la loi 25 *de fidejussoribus*.

Ceux qui sont intervenus dans le contrat sont tenus comme *sponsores* et *fidepromissores*, et comme tels ne peuvent agir par l'action de mandat ou de gestion d'affaires, puisqu'en payant ils font leur affaire et non celle du pupille, du prodigue ou du fou.

Mais en supposant les commissaires de Justinien très-brouillons et très-ignorants, il faudrait encore prouver ce changement ou établir des présomptions en sa faveur.

Il y a dans le texte : « *Pupillo sine tutoris auctotoritate obligato.* »

L'hypothèse d'une obligation principale nulle disparaît. Le pupille est obligé naturellement. Le fou et le prodigue se trouvent en

---

(1) Gaius, com^{re} III, § 119.

sa compagnie. Il serait inutile, au moins pour le pupille, d'imaginer une *sponsio* quand la *fidejussio* est valable. Voici donc un cas conforme à la lettre du texte et à l'esprit de la loi. Pourquoi aurait-on réuni le fou et le prodigue au pupille si la solution n'était pas la même?

IV. — Dans ce cas le prodigue et le fou seraient susceptibles de contracter des obligations naturelles, et pour concilier cette loi avec la loi 6 *de verborum obligationibus* il faut supposer deux hypothèses différentes.

C'est l'opinion de M. Machelard (1).

L'interprétation que nous donnons de la loi 25 *de fidejussoribus* est confirmée par la version des Basiliques, dont voici le texte :

« Qui fidejussit pro pupillo sine tutoris
« auctoritate obligato, prodigo ve vel furioso
« tenetur quidem ; mandati autem actionem
« adversus eos non habet. »

Noodt, Vinnius et Glück sont d'accord sur ce point. Suivant ces auteurs, dans cette loi 25 *de fidejussoribus*, Marcellus et Ulpien supposent un fidejusseur qui a cautionné *sciemment* un prodigue ou un fou, tandis que la loi 6 *de verborum obligationibus* devrait

---

(1) Des obligations naturelles, p. 266 et suivantes.

s'appliquer dans le cas où le fidejusseur aurait cautionné par *ignorance*.

Mais on répond que pour le fou il ne saurait y avoir obligation principale puisqu'il
est incapable de consentir.

Cette objection a touché Vinnius et Glück :
Sans doute, disent-ils, il n'y a plus ici
d'autre obligation que celle du fidejusseur
qui s'est par sa caution porté fort pour
autrui.

M. Machelard combat cette concession.

Elle détruirait la fidejussion en lui enle-
vant son caractère essentiel, celui d'obligation accessoire venant cautionner une obligation principale.

Du reste cette objection, tirée de l'absence
de volonté du fou, perd de sa valeur quand
on considère qu'on ne parle ici que du *furiosus*, c'est-à-dire du fou qui a des intervalles
lucides.

Ne pourrait-on pas supposer l'engagement
contracté pendant un intervalle lucide ?

Mais prenez garde, nous répondra-t-on, le
furiosus, dans un intervelle lucide, con-
tracte une obligation civile et non une obligation naturelle et par conséquent vous ne
rentrez pas dans l'hypothèse des textes.

Nous ne contestons pas que lorsqu'il est

certain que le furiosus a contracté, pendant un intervalle lucide, l'obligation qui résulte de ce contrat soit civile, mais il faut se souvenir des dispositions de la loi romaine, qui, brusquement, rétablit le fou dans sa capacité en se basant sur un fait souvent contestable, son retour à la raison. Il peut y avoir doute sur la lucidité d'esprit, et cette possibilité est la base sur laquelle repose l'obligation accessoire du fidéjusseur qui a cautionné en connaissance de cause. Il s'est soumis aux conséquences de l'incertitude résultant de l'état mental du fou.

Dans la pratique, un *furiosus* se prétendant dans un intervalle lucide, voulait contracter avec un tiers. Comme la capacité du *furiosus* résulte d'un fait contestable, le tiers exigeait une caution. Le fou présentait alors un fidéjusseur qu'on pouvait poursuivre au cas où la capacité du fou, au moment du contrat, serait discutée. Elle pouvait l'être surtout lorsque le fou était retombé depuis dans ses accès de folie.

Telle est la théorie à laquelle nous nous rallions.

Dans la loi 6 *De verborum obligationibus*, le fidéjusseur a cautionné le *furiosus* ignorant son état mental.

Dans la loi 25, *De fidejussoribus*, le fidéjusseur a cautionné en connaissance de
cause.

Dans le premier cas, la fidéjussion est nulle,
dans le second, elle est valable.

Le prodigue ne peut pas s'obliger civilement, mais il peut, par contrat, obliger les
autres envers lui.

Is, cui bonis interdictum est, stipulando
sibi acquirit, tradere vero non potest, vel
promittendo obligari; »

Quant à la question des obligations naturelles, nous ne recommencerons par la discussion des textes cités plus haut. Nous
nous bornerons à faire valoir certaines con-
sidèrations spéciales au prodigue.

Le fils de famille qui, par des emprunts
réitérés, dissipe en quelque sorte par avance
l'héritage qu'il doit recueillir plus tard, est
un prodigue d'une espèce particulière.

Le sénatusconsulte Macédonien enlève
toute action à celui qui prête l'argent.

Cependant Paul affirme qu'il existe une
obligation naturelle (1).

Le prodigue est, dans bien des cas, assimilé au pupille; or, la plupart des juriscon-

---

(1) Loi 10. D. Liv. 14, tit. 6,

sultes, déclarent ce dernier susceptible d'o-
bligations naturelles (1).

Enfin, il y a des considérations d'équité
et de raison.

2º *Quasi-contrats*. — L'aliéné peut acquérir contre son gérant d'affaires, contre son
tuteur, son curateur, contre l'héritier, à
cause des legs à lui faits, contre la personne
indûment payée, les actions qui résultent
de ces quasi-contrats. La volonté n'intervient pas ici.

Son gérant d'affaires, son curateur peuvent avoir contre lui l'*actio contraria negotiorum gestorum*, son tuteur, *l'actio contraria tutelæ* (2).

Mais le fou ne pourrait faire naître par
sa volonté un quasi contrat.

La même solution doit être appliquée au
prodigue.

3º *Délits*. — Le fou peut acquérir une
action par suite d'un délit commis contre
lui. La volonté n'intervient pas encore ici.

Il a l'action d'*injures*, et cependant il les
subit sans les ressentir (3).

Est considéré délit injurieux le fait même

---

(1) Loi 1, § 1. D. Liv. 46, tit. 2.
(2) Loi 3, § 5. D, Liv. 3, tit. 5.
(3) Loi 3, §§ 1-2. D. Liv. 47, tit. 10.

d'avoir par des médicaments causé la folie d'une personne (1).

L'aliéné n'a pas d'intentions mauvaises. Il n'est pas responsable de ses fautes. On ne peut donc pas l'attaquer en justice à raison de ses délits (2).

On aura dans ce cas la possibilité de demander des dommages-intérêts aux personnes chargées de surveiller le fou (3).

Le prodigue est *doli capax*. Il est donc responsable de ses délits.

4° *Quasi délits.* — Tout quasi délit suppose une faute, une négligence, et nous avons déjà dit que le fou n'était pas responsable de ses fautes.

Nous croyons au contraire que le prodigue en est responsable, car il n'est pas interdit à cause de son intelligence défectueuse, mais à cause de ses prodigalités.

B. *Extinction des obligations.* — 1° *Paiement.* — L'aliéné peut cesser d'être débiteur par le fait d'un tiers qui paie pour lui (4).

Mais il ne peut pas payer lui-même, car il n'a ni la capacité ni la volonté.

---

(1) Loi 15, pr. D. Liv. 47, tit. 10.
(2) Loi 5, § 2. D. Liv. 9, tit. 2.
(3) Loi 14. D. Liv. 1, tit. 18.
(4) Inst. Liv. III. tit. 29, pr.

Le paiement reçu par le fou n'éteint pas la dette. Le tiers qui avait payé peut intenter la *condictio* pour ce dont le fou s'est enrichi.

Le prodigue ne pouvant pas rendre sa condition pire ne peut ni payer seul, ni recevoir paiement seul. Dans ce dernier cas le tiers qui a payé aurait aussi la *condictio*.

2° *Novation.* — Il ne peut y avoir novation quand on parle d'un fou que dans le cas où il n'est pas besoin d'intervention de volonté de sa part. C'est le cas d'*expromissio* alors que l'aliéné est débiteur.

Quant à la créance de ce dernier, elle ne pourra jamais être éteinte par novation, parce qu'il faut la volonté du créancier.

Le prodigue ne peut nover à moins que la nouvelle créance lui soit plus profitable que l'ancienne (1).

3° *Modes d'extinction analogues aux modes de création des obligations.* — Le fou ne pouvant contracter suivant ces modes ne peut éteindre suivant ces modes.

Pour le prodigue il faudra distinguer s'il rend sa condition meilleure ou s'il la rend pire.

---

(1) Loi 3. D. Liv. 46, tit. 2.

§ IV.—*Hérédités ab intestat et testamentaires.*

A. *Acquisition par ces moyens.* — 1º *Hérédités testamentaires.* — Le fou peut toujours être institué héritier (1), mais il ne recueillera pas toujours la succession.

Il faut distinguer :

1º S'il est héritier sien et nécessaire, ou héritier nécessaire ;

2º S'il est héritier externe.

Dans le premier cas l'acquisition de l'hérédité aura lieu forcément de plein droit.

Dans le second il est institué mais ne peut recueillir, car il est incapable de faire adition, et son curateur ne peut pas la faire pour lui (2).

Le prodigue peut être institué et peut même faire adition (3) avec le *consensus* de son curateur.

2º *Successions ab intestat.* — Nous retrouvons pour le fou les mêmes règles que plus haut. Pour recueillir il faut que l'héritier soit nécessaire ou sien et nécessaire (4).

---

(1) Loi 16. § 1. D. Liv. 28, tit. 1.
(2) Loi 63. D. Liv. 29, tit. 2.
(3) Loi 5, § 2. D. Liv. 29, tit. 2.
(4) Inst. Liv. III, tit. 1, § 3.

3° *Modifications apportées à la rigueur des principes.* — On sait que le préteur créa des *bonorum possessiones.* Nous allons chercher s'il en est d'applicable au fou. La *bonorum possessio edictalis* n'est pas donnée au *furiosus* (1).

Du reste, la *bonorum possessio edictalis* lui serait inutile. Il faut une manifestation de volonté de la part de celui qui la réclame.

La *bonorum possessio decretalis* pouvait, paraît-il, être demandée par le curateur du fou (2).

Cette *bonorum possessio* aurait permis d'attendre un intervalle lucide du fou qui aurait alors accepté ou refusé la succession.

Mais tous les jurisconsultes n'adoptaient pas cette solution. Il y avait de graves discussions sur le point de savoir si le fou pouvait ou non faire adition, et même si son curateur pouvait demander la *bonorum possessio.*

Justinien trancha la difficulté.

Le droit ancien est conservé en ce qui concerne l'héritier sien et nécessaire.

---

(1) Loi 1, § 5. D. Liv. 38, tit. 9. — *Non obstat,* la loi, C. liv. 6, tit 16. Il s'agit ici d'une femme qui n'était pas folle quand la succession lui a été déférée.

(2) Loi 2, § 11. D. Liv. 38, tit. 17.

Le curateur de l'héritier externe peut demander une *bonorum possessio* semblable à la *bonorum possessio decretalis* abolie par Constantin.

Les biens sont remis au curateur qui doit en faire inventaire.

De deux choses l'une : Ou le fou mourra sans recouvrer la raison, et alors la succession fera retour au substitué, ou aux héritiers *ab intestat;*

Ou le fou reviendra à la raison, et alors quand il sera sain d'esprit il pourra accepter ou renoncer la succession.

B. Du testament. — Le fou et le prodigue ne peuvent pas être témoins dans un testament (1).

Mais l'aliéné peut faire son testament dans un intervalle lucide (2).

Pour lui épargner la honte de mourir *ab intestat,* on permettait aux ascendants du fou de faire à son égard une *substitution exemplaire ou quasi pupillaire.* Cette substitution devenait nulle si le fou revenait à la raison (3).

---

(1) Inst. Liv. II, tit. 10, § 6.
(2) Inst. Liv. II, tit. 12 § 1. — Loi 9, C. Liv. 6, tit. 22.
(3) Loi 43, pr. D. Liv. 28, tit. 6.

Nous avons à ce sujet une constitution de Justinien.

Il y est ordonné à l'ascendant testateur de substituer un ou tous les enfants du fou de préférence aux étrangers.

A défaut d'enfants, il doit substituer les frères et sœurs de l'aliéné.

Ce n'est que lorsque ce dernier n'a ni enfants, ni frères et sœurs qu'on est libre de substituer qui on veut (1).

Le prodigue n'a pas la *factio testamenti* (2). Il ne peut pas faire son testament (3).

§ V. — *Modifications appportées à la condition du prodigue.*

Une novelle de Léon-le-Philosophe vint modifier les incapacités du prodigue.

Désormais il pourra faire valablement tous les actes raisonnables et qui ne sont pas entachés de prodigalité (4).

---

(1) Inst. Liv. II, tit. 16, § 1. — Loi 9, C. Liv. 6, tit. 26.

(2) Loi 18. D. Liv. 28, tit. 1

(3) Inst. Liv. II, tit. 12, § 2.

(4) Const. XXXIX, Léon le philosophe.

CHAPITRE II.

CURATELLE DES ALIÉNÉS ET DES PRODIGUES.

SECTION PREMIERE.

DU CURATEUR.

§ Ier. — *Du curateur légitime.*

La loi des Douze-Tables traite de la curatelle légitime (1). Nous savons que les *agnats*
et à leur défaut les *gentils* étaient en vertu de
cette loi curateurs de certains fous, de certains prodigues.

Le *furiosus* qui avait des intervalles lucides,

Le prodigue qui dissipait les biens provenant de la succession *ab intestat* de leurs
agnats,

donnaient lieu à la curatelle légitime.

---

(1) Ulpien, Regul. XII, § 2. — Cicéron. *De Inv.* II-50

Le préteur restreignit autant qu'il le pût cette curatelle. Ne pouvant déposséder l'agnat de son titre de curateur, il conféra la *potestas* à une autre personne, quand l'agnat ne lui parut pas apte à gérer les biens de l'incapable (1).

L'empereur Anastase assimila les frères émancipés aux agnats, et en fit ainsi des curateurs légitimes (2).

§ II. — *Du curateur honoraire.*

Le præteur, en étendant à tous les fous, à tous les prodigues les bénéfices de la curatelle, créa des cas de curatelle en dehors de ceux prévus par la loi des Douze-Tables.

Pour le *mente captus*, pour le *sourd et muet*,

Pour le *furiosus* qui n'avait pas d'agnat,

Pour le prodigue qui dissipait des biens acquis ou donnés, ou provenant même de la succession testamentaire de ses agnats,

Il y avait lieu à la curatelle déférée par le magistrat. (3).

---

(1) Loi 13. D. Liv. 27, tit. 10. — Demangeat, t. I, p. 387.
(2) Loi 5, C. Liv. 70, tit. 5.
(3) Ulpien, Regul. XII. § 3.

On a cru qu'à l'époque de Justinien cette curatelle avait complètement remplacé la curatelle légitime (1). On en a donné pour preuve un texte des *Institutes* ainsi conçu :

« Furiosi quoque vel prodigi, licet majores
« viginti quinque annis, tamen in curatione
« sunt agnatorum ex lege XII Tabularum ;
« sed *solent* Romæ præfectus Urbi vel præ-
« tor, et in provinciis præsides, ex inquisi-
« tione eis, curatores dare (2). »

Ce texte semble indiquer que l'usage aurait prévalu de remplacer dans tous les cas la curatelle des agnats, par la curatelle dative.

Mais à cette phrase de Justinien on oppose une constitution du même empereur :

« Sin autem testamentum quidem parens
« non confecerit, *lex* autem curatorem ut
« pote *agnatum* vocaverit (3). »

Cette loi constate l'existence de la curatelle légitime des agnats.

On ne peut objecter un changement dans la législation. La date de cette constitution (530) est trop rapprochée de celle de la rédaction des *Institutes* (533).

Justinien n'a pu vouloir se contredire et

____

(1) M. Demangeat, t. I, p. 387.
(2) Inst. Liv. 1, tit. XXIII, § 3.
(3) Loi 27, C. Liv. 1, tit. 4.

enseigner un changement qu'il ne reconnaissait pas en législation.

Si on consulte la paraphrase des *Institutes* de Théophile, on y trouve la solution de cette difficulté. Les rédacteurs des *Institutes* ont voulu dire qu'il y aurait lieu à curatelle dative en l'absence d'agnats.

Cette erreur de rédaction s'explique :

Les *Institutes* sont écrites dans une langue qui n'était pas parlée à Constantinople, par des jurisconsultes qui n'ont ni l'élégance ni surtout la correction du style des jurisconsultes de l'époque classique.

Théophile, dans sa paraphrase, écrit dans la langue nationale, en grec; il ne lui est pas difficile de rendre d'une façon claire sa pensée.

Par tous ces motifs, nous pensons que la curatelle légitime existait encore à l'époque de Justinien (1).

§ III. — *Nomination du curateur datif.*

A. *Qui peut demander la creatio curatoris?* — Nous avons deux classes de personnes à examiner :

---

(1) Voyez en ce sens M. Accarias, t. I, § 167. — M. Ortolan, t. II. § 270.

Celles qui doivent demander un curateur.

Celles qui le peuvent.

Parmi les premières, nous citerons la mère (1), les affranchis (2).

Quant au fils, malgré la forme impérative du texte (3), je ne vois aucune sanction qui l'y oblige. Il ne faut pas en effet argumenter de la novelle 115. Cette novelle ne vise que les soins à donner au fou.

Elle punit le père qui ne donne pas des soins à son fils fou. Or nous savons qu'il ne saurait être question de curatelle pour le fils de famille (4).

Cette novelle ne se rapporte donc pas du tout à l'hypothèse qui nous occupe; nous en parlerons plus tard.

Les personnes qui peuvent demander un curateur sont plus nombreuses. Il y a la tante (5) (*amita*), l'oncle (6), le créancier pour son débiteur, dans le cas où il n'y aurait personne qui dût le demander (7), enfin

---

(1) Loi 2, § 31. D. Liv. 38, tit. 17.
(2) Loi 2. C. Liv. 5, tit. 31.
(3) Loi 3, C. Liv. 5, tit. 70.
(4) Loi 7, pr. C. Liv. 5, tit. 70.
(5) Loi 5, C. Liv. 5, tit. 31.
(6) Loi 10, C.
(7) Loi 4. C. Liv. 5, tit. 31.

les decurions: le magistrat lui-même peut donner d'office un curateur (1).

B. *Du magistrat qui nomme le curateur.* —

1° *Compétence.*—Les personnes ci-dessus désignées pouvaient demander la *creatio curatoris* même un jour férié (2) parce que c'est un pouvoir exceptionnel attribué au magistrat qui ne résulte pas des fonctions judiciaires, mais qu'il ne faudrait pas cependant confondre avec la juridiction gracieuse (3).

Avant Justinien, il fallait s'adresser à Rome au préfet de la ville ou au préteur, dans les provinces au président ou au proconsul (4).

D'après les constitutions de Justinien, il était procédé à la *creatio curatoris :*

A Constantinople, par le préfet, assisté ou non du sénat, alors que le fou était ou n'était pas noble;

Dans les provinces par le président qui devait s'adjoindre l'évêque et trois notables. (5)

---

(1) Loi **3**. D. Liv. **26**, tit. 6.

(2) Loi **8**, § 2 et § 3. D. Liv. 26, tit. 5.

(3) M. Accarias, t. I. § 135 A.

(4) Inst. Liv. **1**, tit. 23, § 3.

(5) Loi 27. C. Liv. **1**, tit. **4**. — Loi 7 §§ 5 et 6, liv. 5, tit. 70.

2º *Devoirs du magistrat.* — Le magistrat saisi de la demande devait d'abord procéder à une enquête afin de constater la prodigalité ou la folie.

Il y a même au sujet de la folie un texte assez curieux :

« Observare prætorem oportebit ne cui
« timere citra causæ cognitionem plenissi-
« mum curatorem det : Quoniam *plerique*
« vel furorem vel dementiam fingunt, quo
« magis, curatore accepto, *onera civilia de-*
« *trectent* (1). »

Le motif de cette loi serait difficile à com prendre si on n'en cherchait pas la raison dans l'histoire.

Cette loi est d'Ulpien qui vivait sous le règne de Caracalla. On sait que ce prince avait augmenté tous les impôts. Non content de cela, il avait donné la qualité de citoyen romain à tous les sujets de l'empire, afin, dit Dion-Cassius, de les frapper des charges qui grevaient les citoyens romains, et comme la qualité de citoyen était accor- dée aux personnes et non aux territoires des provinces, il en résultait que les mal- heureux provinciaux étaient frappés et des

---

(1) Loi 6. D. Liv. 27, tit. 10.

impôts des citoyens et des charges du tribut ou *vectigal* (1).

Or les plus riches habitants des villes, forcés d'entrer dans la curie, étaient chargés de la répartition de l'impôt. S'il n'était pas payé, ils en étaient responsables. Dépossédés souvent, traqués partout, ils étaient réintégrés de force dans leurs charges.

Le magistrat devait ensuite faire le choix d'un curateur.

Les informations qu'il devait prendre portaient sur la *moralité* du curateur, au moins pour la curatelle des personnes nobles.

Elles devaient aussi porter sur la solvabilité, soit que le curateur eut une fortune suffisante soit qu'il pût fournir des cautions (2).

Le magistrat ne devait pas nommer ceux qui demandaient à être curateurs ou qui donnaient de l'argent pour l'être (3).

Enfin s'il n'y avait pas dans la ville natale du fou ou du prodigue des gens aptes à être curateurs, le magistrat devait chercher dans les cités voisines. Quand il avait trouvé, il

---

(1) M. Ortolan, t. I, §§ 402-403, -410-419.
(2) Loi 7, § 6. C. Liv. 5, tit. 70.
(3) Loi 21, § 6. D. Liv. 26, tit. 5.

devait faire parvenir les noms à son collègue, car il ne pouvait s'arroger le droit de nommer lui-même (1).

Dans un cas, le magistrat était dispensé de prendre ces informations, et de choisir lui-même un curateur, c'était lorsque le père de famille avait dans son testament désigné un curateur pour son fils (2).

Bien qu'en cette matière, on ne reconnaisse pas de *curatelle testamentaire* le magistrat devait néanmoins se conformer à la volonté du testateur (3).

Cette volonté avait une telle influence, que si le père de famille avait dans son testament désigné un curateur pour son fils prodigue *non interdit,* le magistrat devait respecter cette condition juridique créée par le père, surtout lorsque le prodigue avait des enfants. Le père du prodigue qui craignait les prodigalités de son fils eût pu s'y prendre d'une autre façon. Il eût pu instituer directement ses petits-enfants, et exhéréder son fils, sous la condition qu'on lui fournirait des aliments.

Il faudra suivre la volonté du testateur, et

---

(1) Loi 24. D. Liv. 26, tit. 5.
(2) Loi 16, pr. D. Liv. 27, tit. 10.
(3) M. Demangeat, t. 1, p. 387.

le prodigue sera en curatelle (1). C'est une exception au principe posé par nous que l'incapacité du prodigue résulte de la sentence d'interdiction prononcée par le magistrat.

Remarquons cependant que le testament ne fait que la provoquer, car le magistrat confirmera, sans examen, il est vrai, le curateur ainsi désigné.

C. *Qui peut être nommé curateur?* — 1º *Incapacités générales.* — D'après les principes généraux, sont incapables les pérégrins, les esclaves, les sourds et muets et les femmes.

Justinien ajouta les mineurs de vingt-cinq ans excusables auparavant, ainsi que les militaires. Les évêques et les moines sont aussi incapables (2).

Le magistrat ne peut se nommer lui-même curateur (3).

2º *Incapacités spéciales.* — Il y avait controverse sur le point de savoir si le fils pouvait être curateur de son père. Antonin le Pieux décida par un rescrit, que le fils qui avait une bonne réputation devait être

---

(1) Loi 16, §§ 1-2-3. D. Liv. 27, tit. 10.

(2) M. Accarias, t. I, § 137.

(3) Loi 4. D. Liv. 26, tit. 5.

nommé curateur de son père (1). On décida de même que le fils pouvait être nommé curateur de sa mère (2).

Le mari au contraire ne pouvait être curateur de sa femme (3). Il en était de même du fiancé pour sa fiancée. Le beau-père nommé curateur de sa bru doit se faire excuser (4).

Les décurions ne sauraient être chargés de la curatelle d'un sénateur (5).

3° *Exclusions.* — Les causes d'exclusions ne sont que les causes de *destitution* survenant soit avant la nomination du curateur, soit après sa nomination, mais avant qu'il ait commencé à gérer.

Elles donnent lieu au *crimen suspecti* (6) dans les cas suivants :

1° Quand le curateur a déjà mal géré une précédente tutelle ;

2° Quant après avoir été nommé curateur il s'obstine à ne pas gérer (7).

---

(1) Loi 1, § 1 et loi 2. D. Liv. 27, tit. 10.

(2) Loi 14. D. Liv. 27, tit. 10.

(3) Loi 1, § 5. D. Liv. 27, tit. 1.

(4) Loi 17, C. Liv. 5, tit. 62.

(5) Loi 2. C. Liv. 5. tit. 33.

(6) M. Accarias, t. I, § 147. — Voyez aussi la note 2, même paragraphe.

(7) Inst. Liv. I, tit. 26, § 5.

3º Quand il est de mauvaises mœurs (1.)

4º Les créanciers et les débiteurs du fou et du prodigue doivent être exclus, bien que la Novelle de Justinien ne s'applique qu'aux pupilles et aux mineurs de vingt-cinq ans. Il y a une raison au moins aussi grande, et même plus sérieuse encore de les tenir écartés de la curatelle (2).

4º *Excuses.* — Les personnes qui n'étaient ni incapables ni exclues pouvaient proposer des excuses déterminées par la loi.

Ces excuses étaient fort nombreuses, et nous n'avons pas la prétention de les citer toutes.

Les unes avaient pour cause l'*inégalité des conditions* : L'ingénu pouvait s'excuser s'il était nommé curateur d'un affranchi (3).

Les autres des circonstances qui aggravent le poids de la curatelle : La pauvreté (4), trois tutelles ou curatelles (5), l'âge (6), etc.

D'autres enfin avaient pour cause des pri-

---

(1) Inst. Liv. I, tit. 26, § 13.
(2) Justinien, Novelle 72, ch. 1.
(3) Loi 1, § 4. D. Liv. 27, tit. 1.
(4) Loi 7. D.   id.
(5) Loi 3- D.   id.
(6) Inst. Liv. 1, tit. 25, § 13.

viléges : Un certain nombre d'enfants (1),
diverses professions (2).

Il y avait des excuses qui laissaient matière
à l'appréciation du magistrat, d'autres qui
résultaient de l'existence d'un fait.

Les unes exemptaient celui qui les propo-
sait aussitôt après sa nomination, les autres
déchargeaient seulement le curateur pendant
sa gestion.

Les unes étaient perpétuelles, les autres
temporaires (3).

§ IV. — *Des formalités que doit remplir le
curateur avant d'entrer en fonctions.*

1° Le curateur doit donner caution dans
la mesure du possible (4).

En sont dispensés :

Les curateurs désignés par le testament
du père de famille (5).

Les curateurs qui jouissent d'une fortune

---

(1) Inst. Liv. 1, tit. 25 pr.

(2) Inst. Liv. 1, tit. 25, § 15.

(3) M. Accarias, t. 1, § 139. — M. Demangeat, t. 1, p. 404
distingue l'excuse complète et l'excuse partielle.

(4) Loi 7, § 6. C. Liv. 5, tit. 70.

(5) Loi 7, § 5.   id.

suffisante pour répondre de leur gestion (1).

2° Le curateur doit prêter serment, en présence de l'évêque et de trois notables, sur les saintes Ecritures, d'agir en toute chose pour le mieux et dans l'intérêt du fou ; de ne pas négliger ce qu'il supposerait lui être utile, de ne pas faire ce qu'il penserait lui être inutile (2).

3° Il doit dresser par acte public un inventaire complet et détaillé de tous les biens de l'aliéné ou du prodigue. L'omission de l'inventaire rendrait le curateur passible de dommages et intérêts, qui étaient évalués sous serment devant le juge (3).

§ V. — *Garanties accordées aux fous et aux prodigues sur les biens de leurs curateurs.*

Constantin avait accordé une hypothèque générale tacite aux pupilles et aux mineurs de vingt cinq ans sur les biens de leurs curateurs. Dans la constitution de ce prince, c'est une sorte de droit de gage qui frappe les

---

(1) Loi 7, § 6. C. Liv. 5, tit. 70.
(2) Loi 27. C. Liv. 1, tit. 4.
3) Loi 7, § 5. C. Liv. 5. tit. 70, et loi 27, C. Liv. 1, tit. 4.

biens du curateur alors même que ce dernier n'aurait pas administré (1).

Justinien étend le bénéfice de cette hypothèque aux fous et aux prodigues (2).

SECTION II.

ADMINISTRATION DE LA CURATELLE.

§ I. — *Des personnes qui doivent prendre soin de l'aliéné.*

A. du curateur. — Le curateur doit non-seulement administrer les biens, mais encore il doit avoir soin de la personne du fou.

Le texte de la loi des Douze tables le dit formellement : « *In eo* pecuniaque ejus potestas esto (3). »

Il doit se préoccuper de l'entretien, de la guérison même du fou.

Si par sa négligence, l'aliéné s'évadait de son domicile pendant un accès de folie, et commettait un crime ou un délit, le cura-

---

(1) Loi 20. C. Liv. 5, tit. 37.

(2) Loi 7, §§ 5 et 6. C. Liv. 5 tit. 70. — M. Accarias, t. 1, § 289.

(3) La loi 7, pr, D. Liv. 27, tit. 10, en fait aussi mention.

teur pouvait être passible de dommages et intérêts (1).

Nous avons dit que le mari ne pouvait être curateur de sa femme folle. Si le curateur de cette femme s'apercevait que son mari n'en avait pas soin, il avait la mission de se pourvoir auprès du magistrat pour obliger le mari, qui n'avait pas pour sa femme folle les égards et les soins nécessaires, à fournir une somme suffisante pour subvenir à tous ses besoins (2).

B. *Des parents.* — Le fils devait prendre soin de son père devenu fou. C'était un devoir qui avait une sanction :

« Liberi fusiosi qui *curam ejus negligunt*
« *præbere* tam exheredatione digni sunt
« quam aliis pœnis legitimis. Nam si quis
« attestatione ad eos missa, cum adhuc ne-
« gligant, in domum suam susceperit et pro-
« curaverit; ex hoc erit sucesssor legitimus,
« licet testatus esset etiam in liberos forte
« manentibus tamen aliis testamenti capi-
« tulis (3). »

Dans la même constitution il est dit que les père et mère ont le même devoir vis à vis

<hr>

(1) Loi 14. D. Liv. 1, tit. 18.
(2) Loi 22, § 8 D. Liv. 24, tit. 3.
(3) Loi 28. C. Liv. 1, tit. 4,

de leurs enfants et sont punis des mêmes peines dans le cas où ils négligeraient de le remplir.

Quant à la sanction, c'est l'exhérédation complète, que le fou eût ou non testé en faveur de ceux-ci.

Cependant il faut observer que pour qu'il y ait exhérédation, il faut de plus qu'on ait abandonné le fou, qu'une personne étrangère à la famille en ait pris soin, ait averti soit ses enfants, soit son père ou sa mère, et que, sur le silence de ces derniers, cette personne étangère l'ait recueilli chez elle, et l'ait soigné.

C'est alors à cette personne que reviendra l'héritage du fou qu'elle a soigné.

Nous trouvons quelques différences entre cette constitution et ce que nous dit Justinien dans la Novelle 115 (1).

La constitution que nous venons de citer est de Julien. Elle est moins claire et ne vise pas tout à fait les mêmes cas.

Justinien établit d'abord une distinction :

Ou le fou revient à la raison, ou il meurt sans avoir repris possession de son intelligence, chez l'étranger qui l'a recueilli.

_____

(1) Novelle 115, ch. 3, § 12.

Dans le premier cas, les personnes qui auraient dû en prendre soin sont ses enfants, et à défaut d'enfants, les parents les plus proches qui devaient venir à sa succession *ab intestat*.

Le fou revenu à la raison est libre de les instituer, dans son testament ou de les exhéréder.

C'est la qualité de successible qu'on prend pour base ici.

La pénalité est un peu moins sévère que dans la constitution de Julien, en ce sens que c'est le fou qu'on laisse maître d'appliquer ou non la sanction.

Par le fait, dans le constitution de Julien on punissait le fou revenu à la raison, car on ne lui permettait pas de transmettre ses biens à son fils coupable.

Dans le second cas, celui où le fou mourait sans avoir recouvré la raison, chez une personne qui l'avait recueilli par charité.

Les personnes qui auraient dû prendre soin du fou étaient :

Les enfants,

A défaut d'enfants, ses parents les plus proches,

Ceux qui avaient été institués héritiers dans son testament, fait avant la folie.

Comme dans la Novelle 28, il faut que ces personnes aient été averties par écrit, et qu'elles aient négligé cet avertissement.

Alors si le fou est soigné jusqu'à sa mort par cette personne étrangère, la sanction aura lieu telle que nous l'avons vue dans la constitution de Julien.

§ II. — *Pouvoir du curateur sur les biens.*

A. *Du consensus du curateur.* — Lorsque nousavons dit que le curateur devait prendre soin de la personne de l'aliéné. nous n'avons pas entendu déclarer que le curateur était donné à la *personne juridique* du fou, comme le tuteur est donné à la *personne juridique* du pupille.

C'est au contraire une des plus grandes différences qui existe entre les pouvoirs du tuteur et ceux du curateur.

Le tuteur a *l'auctoritas*, le curateur a le *consensus.*

L'un complète la personne juridique du pupille, l'autre contrôle et approuve certains actes dont l'avantage et le benéfice ne sont pas absolument apparents.

L'acte qui nécessite *l'auctoritas* a été préparé par le tuteur, il en a fait son œuvre propre, et le pupille l'a accompli sans se douter peut-être de sa portée.

L'acte ratifié par le *consensus* est l'œuvre du prodigue qui l'a soumis seulement au contrôle de son curateur.

Pour l'*auctoritas* il fallait des paroles solennelles, et plus tard dans le droit de Justinien, la présence du tuteur pendant l'acte.

Le *consensus* se donne avant ou après l'acte. Dans le second cas il vaut ratification. Il peut être donné par lettres, par intermédiaire (1).

Dans quels cas le curateur des fous et des prodigues aura-t-il à vérifier, à donner son *consensus?*

Pour les fous l'occasion ne se présentera pas. En effet, si le fou est dans une période d'aliénation mentale, il n'a pas de volonté et ne peut consentir. S'il est dans un intervalle lucide, il n'a pas besoin de *consensus* parce que tous les contrats qu'il passe sont valables.

Les prodigues peuvent faire seuls les actes qui rendent leur condition meilleure.

Le *consensus* du curateur des fous et des

______

(1) M. Ortolan, t. II, § 273. — M. Accarias, t. I, § 166.

prodigues, ne s'exercera que dans le cas où le prodigue rendra sa condition pire.

Le curateur examinera alors si l'acte est nécessaire, ou si dans le contrat à côté des charges et des obligations qui grèveraient le prodigue, il n'y a pas pour ce dernier un avantage au moins égal.

B. *Gestion du patrimoine.* — 1⁰ *Des actes que le curateur peut faire.* — En règle générale le curateur peut faire tous les actes d'administration.

Il *doit* d'abord aliéner les chose susceptibles de détérioration. Sa situation est la même que celle du tuteur dans ce cas. Or il est certain que le tuteur devait vendre les choses appartenant au pupille *quæ sunt periculo subjectæ, quæ tempore pereunt.*

Cette règle était tellement sévère, que le tuteur ne pouvait, dans l'ancien droit, en être dispensé même par une clause du testament du père de famille (1).

Le retard apporté à cette vente engageait la responsabilité du tuteur (2).

Constantin modifia l'ancien droit, en diminuant le nombre des objets qu'il fallait vendre, mais il conserva le principe.

---

(1) Loi 5, § 9. D. Liv. 26, tit. 7.
(2) Loi 7, § 1. D.   id.

Le curateur *doit* demander en justice la rescision des contrats passés par le fou avant sa nomination (1). On ne s'aperçoit pas toujours de la folie de l'aliéné immédiatement. Il appartient au curateur de faire annuler en justice tous les contrats entachés de l'absence de consentement.

Parmi les actes que le curateur *peut* faire nous citerons :

L'acquistion de la possession (2), de la propriété (3).

L'aliénation des objets mobiliers non sujets à dépérissement (4), mais Gaius dans un autre passage exige que ce soit un acte d'administration (5).

En matière de contrats et d'obligations le curateur peut obliger l'incapable en donnant l'ordre aux esclaves ou aux fils de famille du fou ou du prodigue de contracter (6).

Le curateur peut éteindre des obligations, car il peut recevoir le paiement d'une créance.

---

(1) Loi 3. C. Liv. 5, tit. 70.

(2) Loi 1, § 20. D. Liv. 41, tit 2.

(3) Loi 13, § 1. D. Liv. 41, tit. 1.

(4) Gaius, Com^{re} II. § 64.

(5) Loi 17, D. Liv. 27. tit. 10. — Voir aussi Marcellus, loi 12. D. Liv. 27, tit. 10.

(6) Loi 1, § 9. D. Liv. 15, tit. 4.

Le texte va plus loin et suppose un cas plus difficile.

Un remboursement a été fait à *un* **cura-teur** alors qu'il y en a plusieurs.

Julien répond que le paiement est valable, attendu que tout consiste dans la remise des deniers. Il n'y aurait lieu à déclarer le paiement non valable que si l'un des curateurs se fût opposé à ce que le paiement fût reçu (1).

Le curateur peut nover une obligation, pourvu, ajoute Gaius, que cela soit utile au fou (2).

Enfin le curateur a pour faire triompher les droits de l'incapable, tous les moyens de droit. Il le représente tant comme demandeur que comme défendeur. Il a la *condictio furtiva*, il peut transiger (3), déférer le serment, interjeter appel des sentences rendues contre lui.

2° *Des actes pour lesquels le curateur est obligé de s'adresser aux magistrats.* — Le curateur ne pouvait vendre les immeubles de l'incapable (*prædia rustica vel urbana*), sans l'autorisation du préteur.

---

(1) Loi 7, § 3. D. Liv. 27, tit. 10.
(2) Loi 34, § 1. D. Liv. 46, tit. 2.
(3) Loi 56, § 4. D. Liv. 47, tit. 2.

Parfois il était nécessaire pour acquitter les dettes ou pour satisfaire aux dispositions testamentaires des parents d'agir de la sorte. Le préteur examinait le cas et donnait son avis (1).

Quand les enfants de l'aliéné se mariaient, il fallait leur donner une *dot* ou une donation *ante nuptias*. A Constantinople le préfet de la ville, dans les provinces le président assisté de l'évêque en fixaient le montant sur l'avis du curateur, en présence des personnes notables de la famille (2).

Le curateur pouvait faire des donations avec les biens du fou, à la condition que le fou en retirât un grand avantage, et qu'une décision du juge l'eut permise en connaissance de cause (3).

3° *Des actes interdits aux curateurs.* — Toutes les autres donations sont interdites (4).

Le curateur ne peut pas consacrer ce qui appartient à l'incapable (5), affranchir ses esclaves (6).

---

(1) Loi 11. C. Liv. 27, tit. 9.
(2) Loi 28. C. Liv. 1, tit· 4.
(3) Loi 17, D. Liv. 27, tit. 10.
(4) Loi 17. D. Liv. 27, tit. 10.
(5) Loi 12. D. Liv. 27, tit. 10.
(6) Loi 17. D. Liv. 27, tit. 10.

Si un testateur avait légué un esclave au fou à charge de l'affranchir, le curateur devait livrer l'esclave à un tiers qui se chargeait de la *manumissio* (1).

SECTION III.

EXTINCTION DE LA CURATELLE.

§ 1. *Des causes qui mettent fin à la curatelle.*

A. *A parte furiosi vel prodigi.* — Une cause commune met fin à la curatelle de l'aliéné et du prodigue c'est la *mort* de l'incapable. La curatelle disparaît avec la cause qui l'a fait naître. Si le fou revient à la raison, le prodigue à un vie plus sage qui donne lieu à la main-levée de l'interdiction, la curatelle cessera faute d'incapacité à protéger.

Le fou sera considéré revenu à la raison quand il n'a pas eu d'accès de folie depuis longtemps et que les pouvoirs du curateur deviennent une sinécure.

Le prodigue sera relevé de son interdiction lorsque faisant seul les actes qui rendent sa

____

(1) Loi 13. D. Liv. 40, tit. 1.

condition meilleure, et avec le *consensus curatoris* ceux qui la rendent pire, il n'a motivé l'intervention de son curateur que pour approuver sa gestion.

Dans ces deux cas la curatelle devient inutile et doit cesser (1).

B. *A parte curatoris.* — Dans le cas de mort, de *maxima* et de *media capitis deminutio* ; dans le cas même de *minima capitis deminutio* alors que la curatelle est *légitime.*

La curatelle cesse encore quand le curateur propose une excuse *a suscepta tutela* ; quand poursuivi par le *crimen suspecti*, le curateur est destitué de la curatelle.

§ 2. *Des actions résultant de la curatelle.*

La fin de la curatelle donne lieu à une reddition de compte. On prend pour base de ce compte l'inventaire que le curateur a dù faire avant d'entrer en fonctions. Chaque modification du patrimoine a été notée par lui à l'époque où elle a été opérée. Le curateur fournit ces renseignements que les intéressés

______

(1) Il est encore d'autres causes provoquées par des déchéances, la *maxima* et la *media capitis deminutio.* — Le prodigue adrogé avec le *consensus curatoris*, le fou adrogé dans un intervalle lucide font cesser la curatelle,

pourront contester soit en donnant soit en demandant des preuves.

Ce compte établit la situation du curateur vis-à-vis de celui dont il a administré les biens.

Ou celui qui était fou, qui était prodigue est le debiteur de son curateur, ou il est son créancier.

Dans le premier cas le curateur aura l'*actio negotiorum gestorum utilis contraria*. La curatelle n'avait pas d'action qui lui fut propre. On n'assimilait pas le curateur au tuteur. On l'assimilait à celui qui gère les affaires de quelqu'un à son insu.

Cette action *negotiorum gestorum utilis contraria* pouvait être intentée quand le curateur avait avancé de l'argent à l'incapable, en payant de ses deniers un créancier. Il était juste qu'il ne perdît pas cette somme, mais il fallait qu'il eût payé dans l'intérêt de l'incapable, qui en avait recueilli un avantage.

Quand le curateur était débiteur, l'aliéné guéri, le prodigue revenu à une vie plus sage ou leurs ayants-cause avaient trois actions :

Contre le curateur. C'était l'action *negotiorum gestorum utilis directa.*

Contre ceux qui l'avaient cautionné. C'était l'action *ex stipulatu*.

Enfin il avait une action *subsidiaire* contre les magistrats qui avaient négligé de recevoir caution ou qui en avaient reçu une insuffisante.

—

DROIT FRANÇAIS.

INTERDICTION LÉGALE
ET INTERDICTION JUDICIAIRE.

DROIT ANCIEN.

DES ALIÉNÉS.

CHAPITRE I.

INTERDICTION DE L'ALIÉNÉ.

A. *Des causes d'interdiction.* — « Le ma-
« jeur de vingt-cinq ans est hors de tutelle
« et de curatelle, il est maître de ses droits,
« il a la libre disposition de ses biens, il la
« retient tant qu'il n'y a pas de cause qui
« oblige à la lui ôter et à le faire interdire
« par justice (1). »

____

(1) Meslé, *des tutelles et curatelles*, 2 partie, Ch. XIII.

Tel est le principe. Le droit coutumier s'est beaucoup inspiré du droit romain, et nous trouverons peu d'innovations en cette matière.

Les causes d'interdiction sont le dérangement d'esprit et de mœurs, dit Meslé.

Il donne la raison de cette mesure : Ceux qui ont perdu l'esprit ne pouvant plus entendre raison ne peuvent plus vouloir et consentir valablement pour contracter, la nature même les interdit.

Mais pour que le dérangement d'esprit donnât lieu à interdiction, il fallait qu'il fût habituel. La simplicité d'esprit n'était pas suffisante pour faire interdire.

B. *Qui peut demander l'interdiction de l'aliéné ?* — Si le fou est dans un état habituel de déraison, ses parents ont le droit et le devoir de lui faire nommer un curateur :

« Et s'il est hors d'escient comme s'il était
« yvre fol ou comme forcené, il doit avoir
« administrateur comme il est dit ailleurs(1).

« Les parents doivent être soigneux de
« faire mettre en sûre garde ceux qui sont

---

(1) Art. 490, *Ancienne coutume de Bretagne.*

« troublés d'entendement pour éviter qu'ils
« ne fassent dommage à aucun (1). »

Dans le cas où il n'y aurait pas de parents,
les voisins sont tenus de le dénoncer à la
justice, et de le garder pendant les démar-
ches à faire afin d'empêcher le fou de causer
des malheurs. Si les voisins ne le font pas,
ils sont tenus des dommages-et-intérêts qui
pourraient advenir (2).

Les créanciers ont le droit de faire nommer
un curateur à leur débiteur fou :

« Si detteurs sont furieux insensés, mi-
« neurs ou absents, justice à la requête des
« créditeurs doit apeller la femme, si femme
« y a, et des plus prochains parents des dits
« furieux mineurs ou insensés, et leur don-
« ner curateur (3). »

Ces coutumes permettent aux créanciers
de provoquer la création d'un curateur quand
leur débiteur devient fou, de la même façon
qu'ils pouvaient en droit romain faire nommer un tuteur au fils mineur de leur débiteur.

---

(1) **Art. 151,** *Coutume de Normandie.* — Ces deux articles
sont rapportés par d'Argentre.

(2) Même article de la même coutume de Normandie.

(3) **Art. 506,** *Coutume d'Anjou.* — **Art. 501,** *Coutume du
Maine.*

C. *Du magistrat compétent.* — Devant quel magistrat les parents, les voisins, les créanciers introduiront-ils la demande en interdiction ?

Dans le droit Gallo-Romain, c'était devant le président de la province assisté des notables du pays.

Dans le droit Coutumier, c'est devant le juge du domicile de celui qu'on veut faire interdire.

D. *Procédure en interdiction.* — Après avoir adressé une requête à ce juge, on assigne les parents pour délibérer et donner leur avis. Procès-verbal est dressé de leurs décisions.

Le juge, en vertu de la loi six au Digeste. Livre vingt-sept, titre dix, fait une enquête sur la conduite et le genre de vie de la personne mise en cause.

Le premier acte de cette enquête sera de faire comparaître celui qu'on dit fou. Les témoignages, les avis des parents en effet peuvent être intéressés :

« On a aussi vu arriver qu'une femme ou
« des parents ont entrepris de faire interdire
« comme imbécille, un homme d'un esprit
« simple, mais qui en savait assez pour
« gouverner son bien. La seule comparution

« de cet homme devant le juge fit tomber la
« poursuite à fins d'interdiction. La vraie
« manière de s'assurer de l'état d'une per-
« sonne, pour connaître si elle est en folie
« ou en démence, c'est que le juge l'inter-
« roge (1). »

M. de Lamoignon déclare qu'on ne pouvait
donner des curateurs aux furieux et insensés, *qu'ils n'aient été préalablement ouïs par
leur bouche par le juge devant lequel la curatelle est poursuivie* (2).

Après la comparution du fou, le juge dres-
sera un acte de l'interrogatoire qu'il lui a
fait subir.

Cet interrogatoire peut être suffisant pour
faire connaître l'état de la personne, mais
afin de mieux se rendre compte, le juge
pourra ordonner une enquête tant par témoins que par visite de chirurgiens et médecins, et Meslé ajoute que c'est ce que la loi
six déjà citée a voulu indiquer par ces mots :
En connaissance de cause.

Lorsque la religion du magistrat chargé
de l'enquête est éclairée, il doit faire un rapport pour rendre compte de l'état du fou aux

____

(1) Meslé, *Tutelles et curatelles*, 2ᵉ partie, ch. XIII.

(2) Art. 135. Arrêtés de M. le premier Président de Lamoignon.

autres magistrats qui doivent décider s'il y
a lieu à interdiction : « Attendu, dit Deni-
« zart, qu'il n'est pas raisonnable ni d'u-
« sage qu'un seul homme décide de l'état
« d'un autre. »

Le vingt-cinq novembre mil sept cent soi-
xante-neuf des lettres patentes furent données par le roi, et enregistrées par le Parlement le dix-neuf janvier mil sept cent soi-
xante-dix. Ces lettres réglaient la procédure
à suivre en matière d'interdiction.

Les juges ne pouvaient formuler leur jugement, qu'après avoir entendu les conclusions
du ministère public.

Ils ne pouvaient procéder seuls et dans
leur maison que pour recevoir les avis des
parents, faire les interrogatoires, et tous les
actes de procédure nécessaires pour arriver
à l'interdiction.

Dans certaines coutumes, celles de Lille et
celles de Bretagne, la sentence pouvait être
provisoire ou définitive.

C'est certain au moins pour le prodigue,
mais pour le fou c'est douteux.

Cependant Meslé, commentant l'art. 325
de la coutume de Bretagne, qui commence
ainsi :

« Celui qui a été déclaré prodigue ou à

« qui on a interdit l'administration de ses
« biens, »
prétend que la seconde partie de la phrase
s'applique aux autres causes d'interdiction
et par conséquent à la folie.

Il cite encore la coutume de la *Salle de
Lisle* qui, à propos de la sentence provisoire,
parle de l'interdiction pour prodigalité, pour
débilitation de sens ou autre cause suffisante.

E. *De la publicité du jugement qui prononce l'interdiction.* — Qu'il y ait sentence
provisoire ou qu'il y ait immédiatement
sentence définitive, le jugement doit être
publié afin d'avertir les tiers de la condition
nouvelle faite au fou.

Suivant Brodeau, il y avait dans un manuscrit intitulé : *Coutumes tenues toutes
notoires et jugées a.. Châtelet de Paris*, à
l'article cent soixante-dix-huit, un acte de
notoriété du 22 novembre 1382, qui ordon-
nait la publication de l'interdiction.

Mais le texte qui nous donne surtout les
détails concernant la forme de cette publication, dans le ressort de la coutume de Paris,
est un arrêt du 18 mars 1614, intervenu sur
un appel du prévôt de Paris.

Toutes les sentences d'interdiction doivent

être prononcées en audience. Elles doivent être publiées aux marchés et carrefours à son de trompe et cri public.

Le nom de l'interdit doit être écrit au tableau qui est près de la Chapelle où les notaires s'assemblent le Dimanche.

En dernier lieu, l'usage du Châtelet était de se contenter de l'inscription du nom de l'interdit dans les études des notaires et au tableau près de la Chapelle.

Dans la coutume de Bretagne la publicacation devait être faite à la paroisse et au marché (1).

Alors même que la publication n'aurait pas été faite, si on a donné signification en particulier à une personne, cette signification a le même effet vis à vis de cette personne que si la publication avait eu lieu (2).

---

(1) D'Argentré aux mots *(faire bannir)*, art. 492, ancienne coutume de Bretagne.

(2) D'Argentré, ancienne coutume de Bretagne, glose 2, n° 4.

CHAPITRE II.

ADMINISTRATION DES BIENS PAR LE CURATEUR.

A. *Qui pouvait être nommé curateur?* — La nomination du curateur est soumise aux mêmes règles que la nomination du tuteur pour le mineur.

Le curateur est nommé par le juge sur l'avis des parents et des amis. On choisit généralement la personne la plus intéressé à la conservation des biens.

Parmi ces personnes il en est à qui le droit romain refusait la curatelle, et d'autres qui avaient fait l'objet de discussions sérieuses. Je veux parler du mari, de la femme et des enfants comme curateurs de leur père ou mère.

Quant au fou qui a encore son père, la solution est la même qu'en droit romain : Majeur en puissance de père n'a point affaire de curateur à sa démence (1).

______

(1) Meslé s'appuie sur un texte de droit romain, sur la loi 7, *De curatore, furiosi vel prodigi*. Liv. 5, tit. 70.

Il en est de même pour le mineur en tutelle (1). On ajoute dans l'acte de tutelle que le tuteur gérera comme tuteur et qu'après la majorité il gérera comme curateur à la démence (2).

On admettait généralement que les enfants pouvaient être curateurs de leur père ou de leur mère. Du moins c'est ce qu'enseigne Meslé dans son traité des *Tutelles et des curatelles.*

La femme en règle générale ne pouvait être curatrice de son mari fur e ix. Dans ce cas la femme était émancipée en ce sens qu'elle n'était plus sous la garde de son mari incapable (3).

Cependant toutes les coutumes n'avaient pas adopté cette solution, car la coutume de Bretagne permet à la femme d'être curatrice de son mari (4).

Domat reproduisant la théorie du droit romain prétend que le mari ne peut être curateur de sa femme folle.

Mais dans les pays de coutumes on pen-

---

(1) Meslé cite la loi 1 pr. et § 1 D. *De tutelis.*

(2) Arrêt du 17 avril 1685.

(3) Meslé, *Tutelles et curatelles*, art. 2, ch. 10. coutumes de la Rue sur Yndre locale de Blois.

(4) Ancienne coutume de Bretagne, art. 495 et nouvelle coutume, art. 523.

sait généralement qu'il n'y avait pas lieu à interdiction dans le cas de la folie de la femme : *Le mari est bail de sa femme*, dit Loysel (1).

Mais si le mari lui-même était imbécile, on pouvait demander que la femme mariée fut interdite; ainsi qu'il a été statué dans un arrêt du Parlement de Bretagne en date du 1er février 1731 (2).

B. *Formalités que doit remplir le curateur avant d'entrer en fonctions*. — Le curateur devait comme à Rome faire inventaire et donner caution.

La Coutume de Toulouse rédigée en 1285 dispensait les tuteurs et curateurs de faire inventaire et de donner caution.

L'année même où cette Coutume avait été reconnue et approuvée par Philippe-le-Bel. deux commissaires royaux furent chargés d'une mission dans les provinces: *Pro reformatione patriæ et correctione curialium*.

Ces deux commissaires royaux qui étaient Rodolphe, évêque de Laon et Jean, comte de Forez trouvèrent des désordres tels dans l'administration des tutelles et des cura-

---

(1) Loysel, *Institutes coutumières*. liv. 2, tit. 4, n° 3.

(2) Rapporté au tome 1 du *Journal des audiences du Parlement de Bretagne*, ch, 5.

telles à Toulouse qu'ils rendirent un arrêt nommé : *Arrestum sane.* Titre tiré des premiers mots d'un des principaux paragraphes.

Cet arrêt fixait un délai de huit jours pour les tuteurs et curateurs afin de donner caution valable et prêter serment.

L'inventaire devait être fait par écrit et sans interruptions, sinon les curateurs étaient censés avoir agi d'une façon dolosive et pour cela écartés comme suspects. Tous les tuteurs et curateurs devaient se soumettre à cette règle, excepté ceux constitués par testament et qui étaient dispensés expressément d'inventaire (1).

C. *Pouvoirs du curateur.*

1º *Des personnes qui doivent prendre soin de l'aliéné.* — Celui qui a l'esprit aliéné est à la charge de ses parents à qui appartient le gouvernement de sa personne et de ses biens.

Le curateur du furieux est chargé du soin de la personne aussi bien que de celui de ses biens.

D'Argentré dans l'ancienne Coutume de Bretagne (1) dit que lorsque les parents ne

______

(1) Laferrière, t. V, *Histoire du droit.*
(2) Ancienne coutume de Bretagne, art. 490, nº 1.

peuvent se rendre maîtres du fou, le président de la province doit le faire mettre en prison et dans les chaînes : « Sed interdum « cum major erat talium violentia quam ut « agnati inopes comprimere possint, præsi- « des custodiam et vincula adhibebant. »

Le traitement des aliénés ne s'est pas amélioré.

Si les parents négligent de veiller sur leur parent insensé, ou de prévenir l'autorité, le procureur du roi peut les poursuivre à cause des accidents qui pourraient en résulter.

2º *Pouvoirs du curateur sur les biens.* — Les pouvoirs sur les biens étaient pour les contrats et obligations restreints aux actes conservatoires et de pure administration.

Le curateur recevait les paiements, devait vendre les objets susceptibles de dépérissement.

Il pouvait accepter, sous bénéfice d'inventaire seulement, les successions déférées à l'aliéné, et celui-ci conservait, après sa guérison, le droit de renoncer si l'hérédité lui paraissait onéreuse.

Une ordonnance permit aux tuteurs et aux curateurs d'accepter avec l'avis des parents les donations faites aux fous (1).

Parfois en même temps que le curateur, le juge et les parents nommaient son conseil composé de magistrats, d'avocats ou de procureurs.

Dans ce cas le curateur ne pouvait engager l'interdit sans l'approbation de ce conseil. Il ne pouvait faire seul que les actes de simple administration, et ne pouvait intenter un procès au nom de l'interdit sans l'autorisation de ce conseil (2).

D. *Fin de la curatelle.* — Dans certaines coutumes on distinguait entre l'interdiction provisoire et l'interdiction définitive.

La coutume de Bretagne déclarait périmée l'interdiction provisoire si dans les trois ans on n'avait pas fait prononcer l'interdiction définitive (3).

La durée de la curatelle de l'interdiction définitive était celle de la cause qui l'avait fait naître. Aussitôt que la cause disparaissait la curatelle cessait.

Ainsi les intervalles lucides causaient la fin de la curatelle.

Cependant la coutume de Bretagne vou-

---

(1) Ordonnance du mois de février 1731, art. 7.
(2) Art. 514, Coutumes de Bretagne.
3) Art. 524, Coutumes de Bretagne.

lait que l'administration des biens ne pût être rendue à l'aliéné qu'avec connaissance de cause et par autorité de justice (1).

La coutume de la *Salle de Lisle* déclare que l'aliéné ne peut être relevé de l'interdiction par mariage ou autrement si ce n'est par lettres patentes en forme de résiliation dûment entérinées par le juge (2).

La raison donnée par ces coutumes et par les auteurs qui les ont commentées est celle-ci :

Le jugement d'interdiction fixe l'état de la personne interdite de façon à faire présumer la personne toujours dans le même état. Il faut un acte d'une autorité égale au jugement d'interdiction pour que la présomption cesse et pour que l'état de la personne soit changé.

Cette opinion, comme nous pouvons le voir, n'est pas celle de la doctrine romaine. Elle a servi de base à notre Code civil en cette matière.

Il y avait changement de curateur, lorsque celui-ci mourait, ou lorsqu'il était réputé *mort civilement* par suite de la prononciation des vœux religieux, ou par suite de con-

---

(1) Art. 525, Coutumes de Bretagne.
(2) Art. 12, au titre des *Tutelles et curatelles*.

damnation judiciaires, enfin lorsqu'il était déclaré infâme.

Dans tous les cas que nous avons énumérés, le curateur devait rendre des comptes.

Mais il ne faudrait pas croire que cette reddition de compte n'eût lieu qu'à la fin de la curatelle. Le conseil nommé par le juge et les parents pouvait demander des comptes pendant la gestion du curateur, et ce dernier pouvait former une demande pour qu'on eût à recevoir ses comptes que la gestion ne fût pas terminée.

Si on avait une action contre le curateur à propos de sa gestion, le curateur avait de son côté une action contre les personnes *que son administration pouvait regarder* (1).

Comme garanties le droit coutumier avait maintenu l'hypothèque accordée par la loi romaine à l'aliéné sur les biens de son curateur, elle accordait en outre à celui-ci une garantie réciproque sur les biens gérés et un privilége spécial sur les biens dont il avait procuré le recouvrement.

---

(1) Domat, *Lois civiles*, tit. 2, sect. 1.

Disposition spéciale du droit coutumier. —
Citons en terminant une disposition particulière qui émane du droit coutumier. L'interdit peut reprendre l'administration de
ses biens si ses parents négligent après la
mort de son curateur d'en faire nommer un
second (1).

____

(1) Denizart *(Interdiction).* La Coutume de Bretagne sanc-
tionne aussi cette disposition.

CHAPITRE III

CONDITION DE L'ALIÉNÉ.

§ 1. *Des actes passés par l'aliéné avant l'interdiction.*

L'interdiction d'un aliéné modifie non-seulement sa condition présente, elle peut encore dans le passé annuler certains actes faits avant son interdiction.

En effet dès qu'un homme commence à avoir l'esprit troublé il devient par ce fait incapable. Il lui manque pour contracter un élément essentiel la volonté. Les actes qu'il aura passés de la sorte seront donc nuls encore que l'interdiction ne fut pas prononcée (1).

C'est la folie qui rend nul l'acte d'un insensé non le décret du juge : « Neque enim sententia judicis aut decretum facit furiosum sed declarat (2). »

---

(1) Ricard, 1re partie, chap. 3, sect. 3, nº 147.
(2) D'Argentré. art. 490, nº 3, Coutumes de Bretagne.

Meslé interprétant les art. 272 et 292 de la coutume de Paris, qui requièrent pour la validité des donations et testaments que celui qui donne ou qui teste soit sain d'entendement, prétend qu'on doit en tirer une règle générale pour toutes sortes d'actes qui ne peuvent être valables si celui qui le fait n'a pas l'esprit sain.

Mais comment prouver que tel acte fait à telle époque est entaché de ce vice de consentement ?

Si comme nous le supposons l'aliéné a été interdit depuis, il sera facile de le prouver par l'enquête à laquelle a procédé le juge. Par les dépositions des témoins, par les consultations des médecins et des chirurgiens, on pourra assigner une époque à peu près exacte à la naissance de la folie ; si l'acte incriminé se trouve postérieur en date aux premiers symptômes de la maladie, et s'il n'y a pas eu jusqu'au jugement d'interdiction d'intervalle lucide, on aura fait la preuve de l'absence de volonté.

Parfois pour éviter toute discussion, les parents, dans le cours de l'instance, faisaient signifier aux tiers, qui voulaient traiter avec leur parent fou, les défenses d'aliéner faites par décret ou simple ordonnance du juge sur avis des parents. Nous avons dans ce cas un arrêt du Parlement de Provence en date du 22 juin 1694 (1), qui annule l'acte passé, alors que des significations avaient été faites, trois mois avant la sentence définitive, à celui qui depuis et au préjudice de ces significations avait contracté avec celui qui avait été interdit.

§ II. *Des actes passés par l'aliéné depuis son interdiction.*

A. *Droit privé.*

1° *Droits de famille.* — L'aliéné interdit peut-il se marier ?

Non, dit Meslé, car l'interdit ne peut contracter et le mariage est un contrat.

Mais il pourra se marier *dans un intervalle lucide.*

Dans le cas de discussion sur l'état du fou au moment du mariage à qui incombera la preuve ?

Suivant un auteur (2) il fallait distinguer

---

(1) Rapporté par M. de Bézieux, liv. 7, ch. 5, § 1.

(2) M. Michel du Perray, *Traité des dispenses du mariage,* ch. 19.

si les intervalles lucides duraient plus longtemps que les accès de folie.

Si les intervalles lucides étaient les plus
longs, c'était à ceux qui contestaient la lucidité à faire la preuve de ce qu'ils avançaient.

Mais si l'interdit était plus souvent sous
l'empire de la folie que dans son bon sens,
c'était le fou qui devait prouver qu'il jouissait
de sa raison au moment du mariage.

Pareille décision pouvait s'appliquer dans
le cas où le fou n'avait pas de curateur.

Quand la famille s'opposait au mariage, le
magistrat laïque connaissait de l'opposition.

« J'ai, dit Me Du Perray, toujours con-
« sulté de cette manière parce qu'il n'y a que
« *les personnes contractantes* qui puissent
« aller devant l'Official. »

Ces derniers mots font allusion à des con-
flits fréquents entre la justice laïque et la justice ecclésiastique. Sous le prétexte que le
mariage était un sacrement, la justice ecclésiastique se croyait appelée à trancher toutes
les difficultés qui surgissaient à propos du
mariage.

Me Michel du Perray est contraire à cette
immixion et cependant il ajoute :

« Mais quand il (l'aliéné) persiste dans le
« dessein de se marier, on ne peut pas l'em-

« pêcher, encore qu'il ne pût pas s'obliger
« pour dix pistoles. sans l'avis de son conseil ;
« les ecclésiastiques sont favorables à ceux
« qui veulent se marier. »

C'était aller beaucoup trop loin. car c'était
permettre le mariage à l'aliéné même en dehors des intervalle lucide qui faisaient cesser
la curatelle.

L'ordonnance de Blois (1) faisait pourtant
défense aux ecclésiastiques de passer outre
à la célébration du mariage sans avoir le consentement des père et mère, tuteurs et curateurs

Il ne paraît pas que l'usage l'eût étendu
aux interdits pour prodigalité et pour *imbécillité d'esprit*, pourvu que le mariage fût en
forme et qu'il n'y eût pas de trace de clan-
destinité.

Le mariage subsistait donc.

C'est ce qui explique le procès du ¹uc de
Montbazon : M. de Montbazon avait été interdit pour imbécillité par arrêt en date du
1er avril 1658.

Depuis il s'était marié et avait eu de son
mariage deux filles. Un arrêt du 17 avril

---

(1) Ordonnance de Blois, art. 40.

1685 émancipa une de ses filles et donna un curateur à l'autre.

En droit romain, la folie était dans certains cas une cause de dissolution du mariage. Il n'en est pas de même dans le droit coutumier. Tout au plus pouvait-elle donner lieu à la séparation de corps.

Encore fallait-il distinguer entre la démence et la fureur.

La démence ne peut faire prononcer que la séparation de biens, mais elle y donne lieu qu'il y ait ou non interdiction du mari.

Seule la fureur est une cause de séparation de corps.

Le fou est incapable de remplir les fonctions de tuteur ou de curateur.

2° *Droits de l'aliéné quant aux biens.* — On retire au fou l'administration de ses biens. Il est incapable de faire aucun acte à titre gratuit ou à titre onéreux.

Cependant il pouvait arriver que le fou commît un acte nuisible. Dans ce cas la loi romaine ne le considérait pas comme obligé. En Allemagne on introduisit contre le fou une action de *damno dato*.

En France quelques jurisconsultes se rallièrent à cette doctrine. Il y eut à ce sujet de nombreuses controverses qui subsistèrent jusqu'à la rédaction du Code civil.

Le fou est héritier en ligne directe. Pour toute autre succession le curateur prenait *possession de la succession*. C'est la reproduction de la doctrine romaine.

Le fou ne pouvait tester, mais, comme en droit romain, le père pouvait donner un héritier à son fils en démence, à l'imitation de la substitution quasi-pupillaire.

« Le fou âgé n'a ni voix ni répons à court (1). »

Cette sentence signifie que le fou ne peut ester en justice, soit comme demandeur, soit comme défendeur, mais son curateur doit ester pour lui.

B. *Droit public*. — 1° *Traitement des aliénés*. — Le sort et la condition des fous furent fort misérables dans le droit public du moyen-âge.

Souvent ils étaient un objet de répulsion, de terreur même. Parfois on les brûlait comme sorciers.

Au seizième siècle, on réagit contre ces superstitions. Des établissements furent fondés, mais leur nombre et leurs ressources

---

(1) *Inst. Coutumières* de Loysel, liv. 1, 33.

étaient insuffisants. Tantôt relégués avec les mendiants et les vagabonds. les aliénés devenaient les jouets de leurs compagnons. Tantôt placés dans les hôpitaux généraux au milieu d'autres malades, ils étaient une cause de désordres, et succombaient rapidement, victimes des maladies qui régnaient dans ces hôpitaux.

Enfin on créa dans les hospices des quartiers séparés pour eux, puis des établissements spéciaux comme les *Petites-Maisons*, *Charenton*, *Bicêtre* pour les hommes, la *Salpétrière* pour les femmes. Mais les règlements qui concernaient l'entrée et la sortie de ces hospices étaient fort arbitraires, et le régime était bien plus celui des prisons que des hôpitaux.

En 1786, on s'inquiéta d'un tel état de choses : On ouvrit une enquête afin de modifier les règlements de ces établissements publics. Les choses en étaient là, quand l'Assemblée Constituante s'occupa du sort des aliénés.

2° *Responsabilité pénale.* — Le fou qui dans un accès de fureur avait commis un crime ou un délit, en dehors de toute interdiction, était considéré comme irresponsable.

Mais il fallait qu'on prouvât l'aliénation d'esprit. Souvent en acquérant la preuve du crime, on trouvait aussi la preuve de la démence.

Le magistrat, chargé d'interroger le prévenu, avait recours dans ce cas à l'avis des médecins dans la crainte que l'accusé ne simulât la folie afin de se dérober au supplice.

Si la folie ne survenait qu'après les premières poursuites criminelles, mais avant que l'instruction de la cause ne fût terminée, on suspendait la marche de cette affaire jusqu'à ce que le fou fût revenu à la raison.

Ce principe de l'irresponsabilité du fou en matière pénale ne fut pas toujours observé, et il fut jugé à une certaine époque qu'il ne s'appliquait pas aux crimes de sacrilége et de lèse-majesté. Cette doctrine soutenue par un auteur, confirmée par quelques arrêts, est tellement monstrueuse que nous n'insisterons pas.

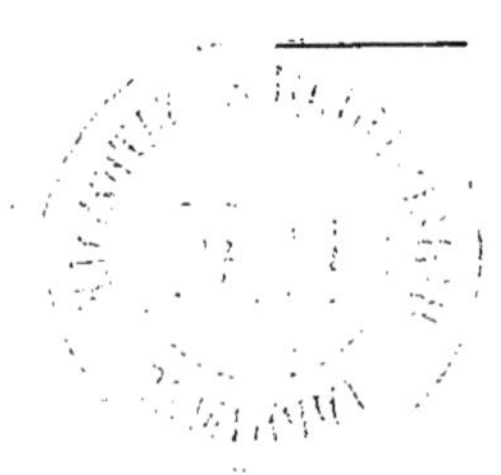

CHAPITRE IV.

INCAPACITÉS PARTICULIÈRES DU DROIT COUTUMIER.

§ *I. Interdiction de plein droit, sans jugement, de la femme qui se remarie follement.*

L'ordonnance de Blois et la coutume de Bretagne déclaraient interdite de droit la femme qui se remariait *follement*, sans qu'un jugement eût à intervenir. (1).

Cette interdiction était donc la conséquence d'un fait, du mariage.

C'était en quelque sorte une déchéance et une précaution prise contre les entraînements de cette femme.

Il ne saurait être question de curateur, car son état n'a pas été réglé par jugement.

Pareillement elle peut jouir des biens qu'elle possède et aliéner même tout ce qui concerne la jouissance de ses biens.

---

(1) Art. 182 de l'Ordonnance de Blois, art. 454 de la Coutume de Bretagne.

co. 122.

Mais en vertu de l'interdiction, elle ne peut aliéner la propriété de ses biens, et tous les contrats passés à ce sujet avec les tiers sont nuls.

C'est ce qui fut jugé dans l'espèce suivante :

Une veuve avait épousé un laquais de son premier mari. Le fils du premier mari de cette veuve, après la mort de sa mère, fit assigner tous ceux qui s'étaient rendus acquéreurs des biens de cette femme depuis le jour du second mariage.

Le présidial de Nantes mit hors de cause les acquéreurs.

Le fils en appela et le parlement de Bretagne, par arrêt du premier décembre mil six cent quatorze, jugeant sur l'appel du fils, cassa les contrats passés, et condamna les acquéreurs à rendre au fils ces biens.

Mais cet arrêt déclara que les acquéreurs n'avaient pas à restituer *les fruits.*

§ *II. Des accords qui peuvent avoir lieu entre parents.*

Lorsqu'un vieillard ne pouvait plus gérer son patrimoine par suite de l'affaiblissement de ses facultés intectuelles, ses parents concluaient avec lui un *accord* par lequel ils se chargeaient d'administrer ses biens. Cet accord était rédigé sur l'avis d'un conseiller-commissaire nommé par la cour sans qu'il y eût lieu de demander lettres royaux.

Le vieillard et sa famille n'avaient pas ainsi le chagrin de recourir à l'interdiction et à sa grande publicité.

Meslé nous a transmis copie de plusieurs de ces accords :

Il nous en cite un du cinq février quatorze cent soixante-treize.

Dans cet accord une vieille femme partage ses biens par moitié entre son fils et sa fille mariée. « *A charge par ses deux enfants de la nourrir, et de lui bailler pour une fois la somme de vingt livres pour faire prier Dieu pour elle, et pour faire distribuer en aumônes.* »

La garde de sa personne est confiée à sa fille.

Son fils et son gendre sont nommés *curateurs.*

L'accord est fait par l'avis de M. Maître Guy Burdelot, conseiller en la cour, commissaire en cette partie.

Dans un autre accord du trois mai quatorze cent quarante-huit, on convertit une certaine somme que possédait un vieillard en rentes viagères sur la tête de ce vieillard, et sur la tête des enfants de sa sœur. Son beau-frère est chargé de toucher les arrérages et de les lui remettre. Quant aux héritages qui pourront lui advenir, le vieillard en jouira sans pouvoir les aliéner ni les charger d'hypothèques ou obligations. Il pourra disposer de tous les autres meubles ou ustensiles qui se trouveront chez lui.

DROIT INTERMÉDIAIRE

INTERDICTION LÉGALE

ET INTERDICTION JUDICIAIRE.

SECTION I.

DES ALIÉNÉS.

La condition des aliénés ne changea guère dans cette période du droit. Cependant il est question d'eux dans quelques lois et décrets que nous allons examiner.

Ces dispositions touchent trois points principaux.

1º La procédure même de l'interdiction.

2º La séquestration des aliénés dans les hospices ou maisons particulières.

3º La police municipale et le maintien de l'ordre public.

1° La procédure même de l'interdiction.

Une loi des seize et vingt-quatre août dix-sept cent quatre-vingt-dix, qui réglait l'organisation judiciaire, ordonna que le ministère public serait entendu dans les procès en interdiction (1).

2° Séquestration des aliénés dans les hospices ou maisons particulières.

Nous avons sur ce sujet deux textes :

Le premier est une loi des 16 et 26 mars 1790. Elle concerne les personnes détenues en vertu d'ordres particuliers.

« L'Assemblée nationale étant enfin arri-
« vée au moment heureux d'anéantir les or-
« dres arbitraires, de détruire les prisons il-
« légales, et de déterminer une époque fixe
« pour l'élargissement des prisonniers qui
« s'y trouvent renfermés à quelque titre et
« sous quelques prétextes qu'ils y aient été
« conduits... »

____

(1) Tit. 8, art. 3.

On le voit, d'après le début de ce préam-
bule, cette loi ne vise pas seulement les aliénés, et ce n'est qu'incidemment qu'il est
question d'eux.

C'est dans l'article 9 que se trouve la disposition qui leur est spéciale.

« Les personnes détenues pour cause de
« démence, seront pendant l'espace de trois
« mois à compter du jour de la publication
« du présent décret, à la diligence de nos
« procureurs, interrogées par les juges dans
« les formes usitées, et en vertu de leurs or-
« donances visitées par les médecins qui,
« sous la surveillance des directoires du dis-
« trict s'expliqueront sur la véritable situa-
« tion des malades, afin que d'après la sen-
« tence qui aura statué sur leur état, ils
« soient élargis ou soignés dans les hopitaux
« qui seront indiqués à cet effet. »

Cet article confirme ce que nous avons
dit dans le droit coutumier à propos de la
séquestration des aliénés dans les prisons.
Ils se trouvaient au milieu des condamnés
et des personnes enfermées au moyen des
lettres de cachet. C'est pour établir la situation de chacun de ces prisonniers que cette
loi fut promulguée. On devait examiner
l'état mental de ceux retenus pour cause de

folie, et leur rendre la liberté ou les diriger sur des hôpitaux spéciaux.

L'Assemblée constituante s'était occupée des fous mais d'une façon générale. Un décret de la Convention en date du 23 novembre 1792 fut plus spécial. Ce décret chargeait le ministre de la justice de se faire délivrer l'état de toutes les maisons où il y avait des détenus pour démence, fureur ou autre cause.

Cette disposition s'étendait à tous les départements.

A l'état de ces maisons on devait joindre l'état des personnes qui y étaient détenues avec la cause et l'époque de leur détention. Pour faciliter ce travail, le garde des Archives de la République devait remettre au ministre de la Justice les pièces déposées aux Archives par le comité des lettres de cachet de l'Assemblée.

5° *Police municipale et maintien de l'ordre public.*

Nous avons encore deux textes sur cette matière.

Le premier en date ordonne à certains

magistrats de maintenir l'ordre et de remédier aux accidents qui pourraient se produire.

Le second énonce les personnes responsables dans le cas où un fou errant sur la voie publique aurait commis un crime ou un délit.

La première disposition est une loi que nous avons déjà eu l'occasion de citer, c'est la loi des 16 et 24 août 1790 sur l'organisation judiciaire.

Nous lisons au titre XI intitulé : *Des juges en matière de police* à l'art. 3 :

« Les objets de police confiés à la vigi-
« lance et à l'autorité des corps municipaux
« sont : »

Suit une longue énumération, puis au paragraphe sixième :

« Le soin d'obvier ou de remédier aux
« événements fâcheux qui pourraient être
« occasionnés par les insensés ou les furieux
« laissés en liberté, et par la divagation des
« animaux malfaisants ou féroces. »

La loi des 19 et 22 juillet 1791 relative à l'organisation d'une police municipale et correctionnelle renferme la seconde disposition.

Dans le titre premier intitulé : *Police mu-*

nicipale, délits de police municipale et peines qui seront prononcées, nous trouvons à l'article 15 :

« Ceux qui laisseront divaguer les insen-
« sés ou furieux, ou des animaux malfai-
« sants ou féroces, seront, indépendamment
« des réparations ou indemnités envers les
« parties lésées, condamnés à une amende
« qui ne pourra être au-dessous de qua-
« rante sous, ni excéder cinquante livres, et
« si le fait est grave, à la détention de po-
« lice municipale : la peine sera double en
« cas de récidiue. »

Ainsi en droit civil, il n'y a pas de changements dans la condition des aliénés. Au point de vue du droit public seul nous voyons le gouvernement se préoccuper de leur traitement et des accidents qui pourraient survenir lorsqu'ils sont en liberté. Tout au moins cherche-t-on par un examen médical à faire cesser les séquestrations arbitraires, et par un état des maisons d'aliénés à contrôler ce qui s'y passe.

SECTION II.

INTERDICTION LÉGALE.

L'interdiction légale est une innovation importante du droit intermédiaire.

Jusqu'alors, outre les peines qui frappaient le condamné dans son corps, il y avait, il est vrai. des peines qui frappaient le condamné dans ses biens.

Mais ces peines enlevaient *des droits qui profitaient* soit à l'Etat, soit aux héritiers du condamné, soit même à son suzerain en droit coutumier, tandis que l'interdiction légale enlève seulement *l'exercice* de ces droits.

L'ancien droit, quand le condamné n'était pas mort civilement, ou quand ses biens n'avaient pas été confisqués, laissait à celui qui subissait sa peine la jouissance de ses biens.

On voyait alors ce spectacle bizarre et peu juste :

Des prisonniers traités différemment à raison de leur fortune, n'avoir ni le même logement, ni la même nourriture.

Les condamnés pauvres étaient jetés pèle-même dans quelque trou obscur.

L'Assemblée constituante fut choqué de cette inégalité, et du *bénéfice* que les héritiers du condamné ou l'Etat retiraient de la *mort civile* ou des *confiscations*.

La loi des 25 septembre et 6 octobre 1791, qui est un véritable Code pénal, institua cette mesure :

« Quiconque aura été condamné à l'une
« des peines des fers, de la gêne ou de la
« détention indépendamment des déchéances
« portées en l'article précédent, ne pourra,
« pendant la durée de la peine, exercer par
« lui-même aucun droit civil, il sera pendant
« ce temps en état d'interdiction légale, et il
« lui sera nommé un curateur pour gérer et
« administrer ses biens (1). »

Plus loin, la même loi indique comment il sera procédé à la nomination des curateurs :

« Le curateur sera nommé dans les formes
« ordinaires et accoutumées, pour la nomi-

---

(1) Loi des 25 septembre et 6 octobre 1791, première partie. Titre quatrième, art. 2.

« nation des curateurs aux interdits (1). »

Ainsi, cette interdiction est créée à l'imitation de l'interdiction judiciaire, mais le but n'est pas le même. Ce n'est pas dans l'intérêt de l'interdit que la curatelle est donnée ici.

C'est pourquoi on ne lui remettra aucune portion de ses revenus pendant la durée de sa peine.

Mais on pourra prélever sur ses biens les sommes nécessaires pour élever et doter ses enfants, ou pour fournir des aliments à sa femme, à ses enfants, à son père ou à sa mère s'ils sont dans le besoin.

Dans ce cas, il faudra un jugement rendu à la requête des demandeurs sur l'avis des parents et du curateur, et sur les conclusions du commissaire du roi (2).

Pour rendre plus efficace cette interdiction, il est enjoint à tous les gardiens chargés de la surveillance des condamnés, d'empêcher qu'ils ne reçoivent aucun don sous peine de destitution (3).

---

(1) Art. 3, même partie, même titre.
(2) Art. 5 et 6, première partie, titre 4,
(3) Art. 7, première partie, titre 4.

Enfin, quand le condamné a subi sa peine, on lui rend ses biens. Son curateur lui rend compte de son administration et de l'emploi de ses revenus (1).

____

(3) Art. 4 première partie, titre 4.

DROIT MODERNE

CHAPITRE PREMIER.

INTERDICTION JUDICIAIRE.

SECTION PREMIÈRE.

DE L'INTERDICTION.

§ I. — *Des causes qui peuvent motiver l'interdiction.*

« L'interdiction judiciaire, dit M. Demo-
« lombe, est celle qui est prononcée par les
« tribunaux civils contre une personne à
« raison de ses facultes intellectuelles. »

L'interdiction n'a donc qu'une seule cause :
L'absence de raison.

Mais si la cause est unique, les symptômes qui en sont la manifestation varient
beaucoup.

A. *Des différents cas de folie.* — On a proposé beaucoup de classifications des cas d'aliénation mentale.

I. Le Code divise les différentes espèces de folie en trois catégories.

« Le majeur qui est dans un état habituel « d'*imbécillité*, de *démence* ou de *fureur*, doit « être interdit, même lorsque cet état pré-« sente des intervalles lucides (1). »

1° *L'imbécillité* : Faiblesse d'esprit permanente. Cette dénomination est prise pour désigner toute une classe de maladies provenant d'un vice originel, d'une incapacité innée des facultés intellectuelles.

Suivant certains jurisconsultes (2), il faudrait l'étendre à tous les cas où une personne a peine à concevoir les idées les plus simples, alors même que cette incapacité proviendrait de la vieillesse ou d'une violente commotion.

2° *La démence :* Désordre des idées, déraison. La démence peut être partielle ou générale, continue ou intermittente.

3° *La fureur :* C'est la démence à l'état violent, dangereux. Elle consiste en des accès suivis de prostration, elle est par conséquent toujours intermittente.

---

(1) Art. 489, Code civil.
(2) Demolombe et Marcadé.

On a beaucoup attaqué cette classification du Code. On l'a trouvé trop vague, **trop in-complète.**

Certes, si on voulait prendre les **expres-**sions dont la loi se sert dans le sens technique que la science médicale leur a donné, cette classification mériterait tous ces reproches.

Mais l'art. 489 ne reproduit pas d'une façon étroite le sens donné à ces expressions. Les rédacteurs du Code ont voulu laisser car-rière à l'interprétation et à toutes les classi-fications médicales passées et futures.

II. — Déjà avant la promulgation du titre de l'*Interdiction*, le docteur Pinel avait pro-posé une classification différente.

Esquirol, son élève, distingua cinq genres de folie.

1º *La lypémanie* : ou mélancolie des an-ciens.

2º *La monomanie* : Le délire est borné à un, ou du moins à un petit nombre d'objets.

3º *La manie* : Le délire est général, le malade est très-agité.

4º *La démence* : D'après cette classifica-tion c'est un affaiblissement des organes de la pensée.

5º *L'idiotie ou l'imbécilité* : Les organes

de la pensée n'ont jamais été assez bien conformés pour pouvoir raisonner juste.

III. — Depuis, de nombreuses distinctions, et des divisions nouvelles se sont produites :

On divise d'abord les différents genres de folie en deux classes :

Les délires généraux.

Les délires partiels.

Dans le premier cas, le malade déraisonne sur tous les points ;

Dans le second, au contraire, le fou ne déraisonne que sur un sujet circonscrit et qui peut être très-limité.

Les personnes qui ont des délires généraux doivent être interdites.

En effet, comme leur esprit déraisonne sur tous les points, elles sont incapables de gérer leur fortune, quelque soit d'ailleurs le genre de folie.

Mais la question devient plus délicate quand il s'agit des délires partiels. Doit-on poser, en règle générale, que toute personne même atteinte d'une manie partielle et circonscrite doive être interdite?

Des auteurs ont soutenu qu'elle devait l'être (1)?

« En général, dit Georget (2), dans les dé-
« lirs exclusifs, le trouble de l'intelligence
« est *rarement* limité, comme on pourrait
« le penser par certaines descriptions, la
« pluspart de ces malades sont le plus sou-
« vent préoccupés, peu capables de se livrer
« à des occupations... »

D'autres auteurs pensent qu'il peut y avoir déraison sur un point, sans qu'il y ait incapacité ou irresponsabilité en dehors de cette manie.

Ainsi, suivant cette doctrine, le maniaque atteint d'un délire partiel, pourrait gérer sa fortune et serait responsable de ses actes quand il n'agirait pas sous l'empire de sa manie (3).

Suivant M. Demolombe, cette question ne saurait être traitée d'une façon générale, et ce point doit être laissé à l'interprétation suivant les différents cas.

Lorsqu'on parle de monomanie, on ne

---

(1) M. Sacaze, (La folie dans ses rapports avec la capacité civile. — *Revue de législation*, Volowski 1850).

(2) *Dictionnaire de Médecine.* V. folie.

(3) Hoffbauër, Médecine légale relative aux aliénés. Traduction de Chambeyron.

saurait en fixer les limites. C'est une variété considérable de nuances qui se confondent parfois avec l'originalité du caractère, et parfois s'accentuent au point de troubler tout à fait la raison.

Le délire des persécutions, par exemple, prend mille formes différentes :

Il y a l'homme en proie à des craintes chimériques dont personne ne soupçonne la folie, et il y a l'homme halluciné qui devient dangereux.

Entre ces deux états extrêmes, existe un grand nombre d'états intermédiaires.

Une règle générale serait donc mauvaise. Les magistrats examineront les cas qui leur sont soumis et décideront suivant le degré de gravité du délire partiel.

C'est ainsi que la Cour de Cassation a confirmé un arrêt de la Cour de Dijon, en date du onze février mil huit cent soixante-trois qui prononçait l'interdiction d'une personne hallucinée en proie au délire des persécutions (1) :

« Considérant que, des faits établis par

---

(1) Requête rejetée, 5 avril 1864, Dev. 65, I 158. — Voyez aussi *Gazette des Tribunaux* 1874, n°ˢ 17, 18 août, 19 et 21 août, jugement du tribunal de la Seine en date du 20 août 1874.

« les enquêtes et autres documents, il ré-
« sulte sinon que Madame.... est dans un
« état constant d'imbécillité, de démence ou
« de fureur, qu'elle est habituellement du
« moins en proie à la préoccupation d'une
« idée fixe, de terreurs imaginaires, de chi-
« mériques persécutions, préoccupation qui
« sans la priver de la raison d'une manière
« absolue, ne lui en laisse pas cependant le
« libre et entier usage, et peut, à certains
« intervalles et dans certaines circonstances
« données, l'entraîner à des égarements qui
« vont jusqu'à la violence et à la fureur... »

Le tribunal de la Seine a jugé, au contraire, qu'un homme tracassier, processif.
irrévérencieux envers les magistrats, alors
même qu'il serait imbu d'erreurs plus ou
moins graves ou d'illusions ne pouvait être
interdit (1).

Il est une maladie, le plus souvent hérédi-
taire, qui, d'après les doctrines médicales
actuelles peut donner lieu à la folie : C'est
l'*épilepsie.*

Cette question est fort délicate : Si l'épilepsie ne se manifestait que par des attaques
convulsives intermittentes avec perte subite

---

(1) Paris 30 août 1815, Sirey 17, II 369.

et complète du sentiment, il n'y aurait pas lieu à grande discussion.

On examinerait, d'après les actes de l'épileptique, si la folie est ou n'est pas constituée. Dans le premier cas on interdirait l'épileptique (1). soit que l'épilepsie se fut compliquée dans l'enfance d'une véritable imbécillité, soit que, par suite des attaques de ce mal se reproduisant depuis longtemps la raison en eut reçu une atteinte grave.

Mais l'épilepsie ne se manifeste pas toujours ainsi. Dans le *vertige epileptique* par exemple, un étourdissement très-passager, à peine marqué par la fixité du regard, le tremblement d'un membre est le seul symptôme qui indique la crise.

Quelquefois même l'épilepsie ne se manifeste que par un acte soudain et irréfléchi sans précédents et sans suites. On comprend combien, dans ces derniers cas, il est difficile de juger la capacité et surtout la responsabilité d'une personne atteinte de ce mal.

Du reste, il est un caractère fondamental exigé pour l'interdiction et qu'il ne faut pas perdre de vue, c'est l'*état habituel*. Dans

----

(1) Arrêt de la Cour de Colmar, 2 prairial, an XIII.

l'épilepsie il n'y aura donc pas lieu à interdiction à raison des accès passagers manifes-
tés par les symptômes que nous avons dé-
crits. Il faudra que ces accès aient causé une
perturbation constante dans l'intelligence,
et si nous les mentionnons c'est pour montrer des causes de folie, plutôt que des cas
d'aliénation mentale.

Cet état habituel exigé par la loi empêche
qu'on interdise les personnes qui ont des
délires causés par certaines fièvres, les
femmes atteintes de *folie puerpérale*, et enfin
tous ceux dont l'intelligence est momenta-
nément égarée par une grande douleur, une
vive émotion.

Mais il n'est pas nécessaire non plus que
cet état soit *continu* et l'interdiction sera
prononcée alors même que l'aliéné a des intervalles lucides.

D'après cette règle le *paralytique général*
qui aurait des moments de rémission très-
francs, devrait être interdit.

Le déréglement de mœurs n'est pas une
cause d'interdiction (1).

Mais il faut distinguer si ce déréglement
de mœurs n'est pas un symptôme de folie.

---

(1) Rennes, 2 mars 1825.

En effet *l'hystérie* peut causer la folie dite hystérique :

« La folie hystérique proprement dite se
« développe surtout chez les femmes attein-
« tes d'hystérie non convulsive à l'occasion
« de quelque émotion vive, d'une affection
« contrariée ou d'un violent chagrin, quel-
« quefois aussi sous l'influence de causes
« purement physiques, telles qu'une affec-
« tion des organes sexuels, un trouble de la
« menstruation ou même la grossesse de l'é-
« tat puerpéral. Elle est caractérisée tantôt
« par un délire érotique et une grande agita-
« tion, tantôt par une incohérence d'idées et
« de paroles et une loquacité extrême, ou
« par une mélancolie sombre, un besoin
« de solitude, des pleurs sans motifs, des
« plaintes ou des chants langoureux. Les
« attaques de délire affectent une marche
« périodique et reviennent par exemple soit à
« chaque époque menstruelle, soit à des épo-
« ques variables (1). »

L'habitude même invétérée de s'enivrer ne peut donner lieu à interdiction que lorsqu'il

---

(1) Etude médico-légale sur la folie, par M. le docteur A. Tardieu.

en résulte une altération des facultés mentales (1).

Il faut distinguer ici ceux qui deviennent fous parce qu'ils boivent : Ce sont les alcoolisants, et ceux qui boivent parce qu'ils sont fous : Ce sont les *dipsomanes*.

La décision que nous venons d'énoncer ne s'applique qu'aux premiers, les autres étant fous dès qu'ils commencent à boire outre mesure.

Il est une infirmité physique qui s'oppose au développement des facultés : C'est la surdi-mutité. Si elle empêche absolument le sourd et muet d'exprimer sa volonté, on doit prononcer l'interdiction. Un arrêt (2) décide que les sourds et muets de naissance, même ceux qui n'ont reçu aucune éducation ne doivent-être interdits qu'autant que par leur infirmité, ils seraient réduits à un état habituel d'imbécillité.

La vieillesse n'est pas une cause d'interdiction, mais elle peut avoir pour conséquence un affaiblissement des facultés intellectuelles, et faire rentrer le vieillard dans un des trois cas énumérés dans l'article 489.

---

(1) Rouen, 18 janvier 1865. 66, II, 350.
(2) Rouen, 18 mai 1842.

Remarquons qu'il n'y a plus comme dans le droit coutumier ces *accords* dont parle Meslé. Or les parents peuvent avoir de la répugnance pour l'interdiction à cause de sa publicité, dans ce cas, voici le moyen que propose M. Demolombe :

« Une femme d'un âge très-avancé et fort
« riche, ne pouvait plus gouverner sa fortune
« elle avait plusieurs enfants qui se réuni-
« rent, se concertèrent et firent entre eux un
« acte par lequel ils déclaraient entreprendre
« au nom de leur mère, affaiblie par l'âge et
« les souffrances, la gestion de son patri-
« moine, l'entreprendre en effet comme gé-
« rants d'affaires sous l'égale et commune
« responsabilité de chacun deux (article 1375)
« L'acte stipulait que les gérants ne pour-
« raient consentir aucune aliénation et que
« la gestion qu'ils allaient entreprendre se
« bornerait aux actes d'administration. Tous
« les six mois un compte devait être rendu
« par celui des enfants qui faisait les actes
« de gestion au nom des autres en se por-
« tant fort envers les tiers pour la mère com-
« mune et pour ses frères et sœurs. »

B. *Le mineur peut il être interdit ?* — L'article 489 qui cite les cas où il y a lieu à interdiction ne parle que du *majeur* est-ce à dire pour cela que le mineur ne pourrait être interdit ?

Dans le projet de Code civil qui fut soumis aux observations des tribunaux, il y avait un article ainsi formulé :

« La provocation en interdiction n'est pas « admise contre les mineurs non émanci- « pés. »

Cet article disparut à la suite des observations du tribunal de Cassation. Ce tribunal fit remarquer qu'il pouvait être fort utile d'interdire le mineur dans la dernière année de sa tutelle pour l'empêcher de ratifier des actes passés lorsqu'il était mineur. Un certain laps de temps s'écoulait en cffet entre sa majorité, et le jugement qui prononçait l'interdiction. On aurait pu profiter de cet instant de capacité pour le faire agir contre ses intérêts.

Sur cette observation on supprima l'article que nous avons cité plus haut (1). Le tribunat élabora un article qui devait satisfaire les désirs du Tribunal de cassation, quand la section de législation du Conseil d'État modifia l'article du projet qui correspond à notre article 489 en remplaçant un terme général par ces mots : Le majeur.

______

(1 Fenet, t. II, p. 96, art. 39.

Rien n'explique ce changement fait contrairement aux observations du Tribunal de cassation. alors que tout le monde semblait d'accord pour admettre que le mineur fût interdit.

Aussi malgré les expressions du texte, un grand nombre d'auteurs et d'arrêts ont déclaré que le mineur pouvait être interdit (1).

Cette solution admise fait naître une autre question. Contre qui doit-on former la demande en interdiction ? Est-ce contre le mineur seul, ou contre le mineur et son tuteur ?

Il a été jugé que la demande pouvait être intentée contre le mineur seul, sans qu'il y eût lieu de faire intervenir son tuteur (2).

M. Demolombe pense que la demande doit être formée contre le mineur et contre le tuteur.

Contre le mineur ; il s'agit de sa capacité, de son état ; or, d'après les dispositions formelles de la procédure en interdiction, celui contre lequel la demande est formée doit être *personnellement le défendeur* afin d'être interrogé par les magistrats.

---

(1) Bourges, 5 mai 1846. Dev. 46, II, 229. Paris. 15 juin 1857, Dev. 58, II, 106, Bourges, 22 décembre 1862, 63, II, 132. — Duranton, Marcadé, Aubry et Rau, Demolombe.

(2) Metz, 30 août 1823.

Contre le tuteur ; c'est lui qui a soin de la personne du mineur, et il serait inique dans une circonstance aussi grave de priver le pupille de ses conseils (1).

§ II. *Des personnes qui peuvent demander l'interdiction.*

Les personnes qui peuvent demander dans notre Code civil l'interdiction sont : Les parents, l'époux, le ministère public (art. 490 et 491).

1° *Les parents.* — Tout parent est recevable à provoquer l'interdiction de son parent. Peu importe que ce soit un parent paternel ou un parent maternel ; qu'il soit ou non héritier présomptif ; il peut même, du moins le texte ne le défend pas, être un parent très éloigné, au douzième degré par exemple.

On ne distingue pas non plus, s'il est le descendant ou l'ascendant du fou, ainsi le fils peut demander l'interdiction de son père.

Bien plus, le parent mineur ou interdit le peut ; mais dans ce cas ce sera le tuteur du fou où du mineur qui formera la demande.

---

(1) Nimes, 27 mai 1829.

Cette doctrine est confirmée par de nombreux arrêts (1).

Delvincourt fait à ce sujet une distinction. Suivant lui il faut examiner si le pupille est ou non héritier présomptif. S'il l'est le tuteur pourra demander l'interdiction, dans le second cas le tuteur serait non recevable (2).

Il n'y a rien dans le texte qui justifie cette distinction.

M. Valette fait remarquer que le parent naturel peut provoquer l'interdiction de son parent. Rien dans l'art. 490, en effet, ne s'y oppose.

Il a même été admis par la jurisprudence d'un pays voisin, régi par notre Code civil, que le parent *étranger* pouvait aussi former cette demande (3).

On s'est demandé s'il fallait admettre aussi les alliés.

Des auteurs soutenaient autrefois l'affirmative, à la condition, disaient-ils, que l'affinité subsistât encore (4). Pour prouver cette affirmative on s'appuyait sur l'art. 407 qui

---

(1) Bruxelles, 15 mai 1807. — Metz, 14 mars 1843. — Douai, 29 novembre 1848.

(2) T. I, p. 130, n° 3.

(3) Liège 10 mars 1825.

(4) Voyez entre autres, Delvincourt.

admet les alliés dans les conseils de famille, et aussi sur l'obligation alimentaire qui existe pour certains alliés et dans certains cas.

On répond à l'art. 407, qu'on admet aussi dans le conseil de famille les amis du père ou de la mère du mineur (art. 409). Il est certain cependant que les amis n'ont pas qualité pour demander l'interdiction de leur ami.

Du reste, la loi ne parle pas des alliés mais des parents. Vouloir admettre les alliés, c'est aller contre le texte même de l'art. 490.

Enfin les alliés n'ont pas les mêmes motifs d'affection, et ils ne sont pas héritiers.

C'est ainsi qu'il a été jugé par la cour de Metz et par la cour de Paris. Il est vrai que la cour de Limoges a jugé dans un cas particulier que le gendre pouvait provoquer l'interdiction de son beau-père, mais ici le gendre n'agissait pas comme allié, mais comme administrateur des biens de ses enfants, au même titre que le tuteur du parent mineur.

2° *L'époux*. — L'un des époux peut demander l'interdiction de l'autre. Le texte est général (art. 490) et par conséquent il faut admettre aussi l'époux séparé de corps, même si la séparation de corps avait été prononcée contre lui.

On sait que la femme pour ester en justice est obligée de se faire autoriser par son mari ou par la justice. Si la femme est demanderesse, et si par conséquent le mari est aliéné, elle ne pourra se faire autoriser par son mari, c'est certain, mais sera-t-il nécessaire qu'elle se fasse autoriser de justice ?

N'est-elle pas dans ce cas autorisée par la loi directement dans l'art. 490 ?

La règle, qui ordonne que la femme mariée ne puisse ester en justice sans autorisation, est générale et s'applique à tous les cas. L'art. 490 en lui conférant le droit de provoquer l'interdiction ne l'a pas exemptée de cette formalité indépendante de l'hypothèse qui nous occupe.

Il est encore plus nécessaire dans ce cas d'exiger l'autorisation de justice. La démarche faite par la femme est grave, elle peut faire le plus grand tort aux deux époux si elle est inconsidérée.

L'autorisation sera encore nécessaire, quand il s'agira pour la femme de défendre à une demande en interdiction formée contre elle. Nous rentrons ici dans le droit commun, et dans ce cas on ne peut argumenter d'aucun texte.

3⁰ *Le ministère public*. — L'art. 491 établit une distinction :

Le fou est-il dans un état d'imbécillité de démence, où est-il furieux ?

S'il est furieux, dans le cas où l'interdiction n'est provoquée ni par les parents ni par l'époux, elle *doit* l'être par le procureur de la République (1).

Quand le fou est imbécile ou dément, le procureur de la République *peut* provoquer l'interdiction de celui qui n'a ni époux ni parents connus. Si le fou déclare avoir des parents, et surtout s'il indique le lieu de sa naissance, et celui où existe sa famille on ne peut pas prononcer son interdiction, sous prétexte qu'il ne donne pas d'indication précise des noms et demeure de ses parents, c'est au ministère public à prouver la non-existence des parents (2).

Les parents et l'époux ont un droit égal à provoquer l'interdiction : Le parent le plus éloigné peut aussi bien la demander que le conjoint et les enfants du fou.

----

(1) Nous verrons quand nous étudierons la loi de 1838, que le préfet peut ordonner d'office le placement dans un établissment d'aliénés, du fou furieux qui comprometterait la sûreté des personnes et troublerait l'ordre public.

(2) Arrêt de la Cour de cassation, 7 août 1826, Dev. 1826, I, 440.

Mais si un des parents provoque l'interdiction et vient à succomber dans sa demande, le jugement qui en résultera sera-t-il opposable à tous les autres parents et à l'époux, ou chacun pourra-t-il à son tour intenter une demande ?

Pour défendre cette dernière opinion on dit que l'autorité de la chose jugée (art. 1351) ne peut être invoquée que lorsqu'il y a eu jugement entre les *mêmes parties*, or ici le demandeur n'était pas partie dans le procès précédent, donc cet axiôme ne lui est pas opposable. On ne saurait dire non plus que tous les parents ont été représentés par celui qui a provoqué l'interdiction, car leur droit est distinct.

Dans le premier système on fait remarquer les conséquences fâcheuses de ces demandes successives en interdiction provoquées par l'époux et par chacun des membres de la famille. Désormais plus de tranquillité pour celui qui a fait l'objet d'une demande en interdiction, chaque parent recommencera le procès, jusqu'à ce que, de guerre lasse, il soit forcé de succomber.

D'ailleurs l'art. 1351 s'applique aux jugements qui ont trait à des obligations ou même à l'état de la personne, quand il s'agit

de *déclarer* cet état qui existait antérieurement.

Quand au lieu de reconnaître un état on
en crée un nouveau, le jugement qui *constitue* cet état doit être opposable à tous.

Cette distinction entre les jugements déclaratifs et les jugemennts constitutifs est
basée sur la raison même. Dans les uns en
effet on n'attribue pas telle qualité à telle
personne, on reconnaît qu'elle l'a sous la
réserve qu'elle ne lui sera pas contestée par
d'autres personnes qui pourraient avoir intérêt à le faire.

Dans les autres on crée une situation
exceptionnelle, anormale que personne ne
pourrait réclamer comme sienne, attendu
qu'elle n'existait pas auparavant.

Mais le jugement qui décide qu'il n'y a
pas lieu d'interdire une personne n'est pas
un jugement constitutif de la personne.
Sans doute, c'est un jugement confirmatif
de l'état de la personne, mais c'est le jugement directement opposé à celui qui *constitue* l'état d'interdiction, or il serait injuste
d'admettre suivant que le demandeur ou le
défendeur triompherait une solution différente.

Ce système est certainement fort ingénieux, mais il est absolument contraire au texte de l'art. 1351, et ne s'appuie sur aucun texte. La distinction entre les jugements *déclaratifs* et les jugements *constitutifs* se trouve dans certains auteurs et notamment dans Merlin, mais elle n'a fait l'objet d'aucune disposition de notre Code civil. On ne peut donc pas l'invoquer contre l'art. 1351.

Au contraire l'art. 100 du Code civil vient confirmer l'art. 1351 à propos des jugements sur l'état de la personne. Il est ainsi conçu :

« Le jugement de rectification ne pourra
« dans aucun cas. être opposé aux *parties*
« *intéressées qui ne l'auraient pas requis*, ou
« qui n'y auraient pas été appelées. »

Les conséquences fâcheuses de poursuites successives seront paralysées par la crainte des frais et des dommages-intérêts dans le cas où le demandeur serait débouté (article 1382).

Toute une famille n'ira pas du reste demander successivement l'interdiction d'un homme sain d'esprit. Généralement quand il s'agira d'un fou, on se concertera, on désignera un des membres de la famille pour demander l'interdiction du parent aliéné, et si on avait agi trop tôt, si la folie n'était pas assez manifeste pour le tribunal, on pourra

du moins, d'après notre système, la demander de nouveau, quand la folie sera devenue
plus certaine encore.

Dans ce cas au contraire on serait désarmé
dans l'autre système, et l'aliéné qui aurait
eu le triste bonheur de tromper la perspica-
cité des juges pourrait se livrer sans crainte
à toutes ses extravagances.

Enfin notre opinion était celle de tous les
auteurs de droit coutumier. Meslé et d'Argentre en font foi.

Le fou peut-il provoquer lui-même son
interdiction? Mais avant de traiter cette
question, il en est une préalable, celle de
savoir si on peut par convention s'assimiler
à un interdit.

Le cas s'est présenté et c'est pour celà
sans doute qu'on a songé à élucider la première hypothèse.

Un certain Benoît Galli s'était reconnu
par un acte notarié en date du 15 octobre 1807
incapable d'administrer ses biens. Faute
d'expérience, disait-il, et par suite de trom-
peries que son imprudence avait favorisées,
ses affaires étaient en grand désarroi. Pour
empêcher que pareille chose se renouvelât,
il cédait volontairement et irrévocablement
ses biens à sa femme, de telle façon que cette

cession devait équivaloir à une véritable interdiction judiciaire.

Cet acte fut soumis au tribunal de Parme pour être homologué. Ce tribunal homologua cet acte, mais le jugement fut cassé (1).

Je pense que cet exemple bizarre me servira à démontrer qu'on ne peut provoquer soi-même son interdiction, car pour être plus régulière en la forme, cette nouvelle combinaison n'en est pas moins extraordinaire au fond.

Des auteurs cependant ont soutenu l'affirmative. Après tout, disent-ils, cette décision n'a rien de choquant, c'est la justice qui prononcera.

Dans l'ancien droit le juge pouvait donner un conseil sur la demande de l'incapable qui ne se sentait pas assez de raison pour administrer ses biens.

Dans le projet du Code civil arrêté en l'an VIII cette disposition se trouvait répétée dans un chapitre spécial. Ce chapitre a été supprimé, mais il n'a rien été inséré dans les autres qui fût contraire à cette doctrine.

Marcadé se sert encore des termes de l'ar-

---

(1) 7 septembre 1808, Sirey, 1808, I, 469.

rêt de la Cour de cassation de 1808. Malgré l'insistance de M. le procureur général Merlin, dit-il, la Cour se garda bien de déclarer qu'on ne pouvait provoquer soi-même son interdiction..

Il est vrai, ajoute-t-il, que la loi ne classe pas le fou parmi les personnes qui peuvent agir. C'est que la loi ne prévoyait pas que le pauvre fou eût assez de philosophie pour ne pas rougir de son malheur (1).

Il est assez facile de répondre à ces arguments. Il y a beaucoup de dispositions du droit coutumier que le Code civil n'a pas admises, et parmi celles-là se trouve celle qui consiste à demander pour soi-même un conseil judiciaire : la preuve, c'est que le chapitre qui traitait cette question dans le projet de Code de l'an VIII a été supprimé, et on ne pouvait parler dans les autres chapitres d'une chose qu'on avait rayée.

Quant à l'arrêt concernant Benoit-Galli, la cour n'a pas voulu parler du cas où une personne provoquerait son interdiction, parce que ce n'était pas dans la cause, et que la cour de cassation n'avait à statuer que sur ce qui lui avait été soumis.

---

(1) Marcadé, t. II, art, 491, n° 2.

Il n'y a que ceux à qui la loi accorde ce droit qui puissent demander l'interdiction, or le fou n'est pas compté parmi ces personnes, donc il ne peut demander lui-même son interdiction (1).

Un donataire de biens à venir ne pourrait demander l'interdiction de son donateur. Ce n'est pas l'intérêt qui ferait défaut ici, c'est la qualité (2).

§ III. — *De la procédure de l'interdiction.*

La demande doit être formée contre le fou défendeur. Elle doit être portée au tribunal du domicile de ce dernier (3).

Enlever à un homme l'exercice de ses droits est une mesure grave qui ne saurait être prise à la légère. Il faut tout mettre en œuvre pour juger en parfaite connaissance de cause. Aussi la loi a-t-elle soumis la procédure d'interdiction à des règles spéciales·

Certains auteurs ont divisé cette procédure en deux parties. La première, suivant eux,

---

(1) Bordeaux, 3 juillet 1829, Dev. 1829, II, 719.

(2) Cour de cassation, 24 décembre 1838, Dev. 1839, I, 39. — Riom, 9 janvier 1808, Sirey, t. XIII, II, 308.

(3) Cour de cassation, 23 juillet 1840, Dev. 1840, I, 959.

s'arrêterait au moment où la cause vient à l'audience pour être jugée;

La seconde comprendrait tout le reste.

La cause de cette division est le caractère différent que prend la procédure.

Jusqu'à ce que l'affaire vienne à l'audience, sa marche est pour ainsi dire secrète, tout se passe en chambre du conseil. On ne veut pas ébruiter une demande qui n'est peut-être pas fondée.

Au contraire, quand on a acquis sinon des preuves du moins de fortes présomptions de l'insanité d'esprit du défendeur, il serait nuisible de dissimuler l'éventualité d'un jugement d'interdiction, et la procédure devient une sorte de publicité anticipée.

A. *De la première partie de la procédure.* — Il est de règle générale en procédure que les procès débutent par des préliminaires de conciliation. Ici il ne saurait être question d'un acte semblable, car nous avons démontré que le fou ne pouvait ni provoquer son interdiction ni s'assimiler à un interdit, il ne saurait comme conséquence acquiescer à une demande formée contre lui, et partant les préliminaires de conciliation seraient absolument inutiles.

1° *De la requête.* — C'est par une requête

adressée au président du tribunal civil que s'ouvre l'instance.

Cette requête doit renfermer tous les éléments necessaires à l'interdiction. C'est ainsi qu'il faut qu'elle articule fait par fait tous les actes d'imbécillité, de démence ou de fureur que le fou a commis.

Il faut de plus des pièces à l'appui de ces énonciations. On puisera ces preuves, soit dans les actes passés par l'aliéné, soit dans les rapports et procès-verbaux des officiers de police.

Enfin pour les faits journaliers qui échappent à toute constatation écrite, il faut l'indication des témoins qui ont assisté à ces faits. (Art. 493 du Code civil et art. 890 du Code de procédure civile.)

Ces articles ne contiennent pas de sanction pour le cas où la requête ne serait pas faite dans ces conditions, et on a conclu et jugé qu'on ne pourrait pas déclarer la requête non recevable par suite de l'absence d'un des éléments requis : par exemple, faute de pièces justificatives. Du reste, le demandeur peut produire au cours de l'instance d'autres pièces, d'autres témoins (1).

---

(1) Poitiers, 5 août 1831, Dev. 1832, II, 205.

Mais si la requête n'était qu'un acte informe, sans indication des faits constituant la folie, cette requête devrait être considérée comme non avenue. Il est certain aussi qu'elle devrait être rejetée si elle était présentée par un demandeur qui n'avait pas qualité pour demander l'interdiction.

2° *Du rapport du juge commissaire et des conclusions du ministère public.* — La requête présentée, le président du tribunal en ordonne la communication au ministère public, et commet un juge pour faire son rapport à un jour indiqué. (Art. 891 de Procédure civile.)

On s'est demandé si le tribunal, après avoir entendu le rapport du juge et les conclusions du ministère public, pourrait rejeter la demande, sans qu'il lui fût nécessaire de s'éclairer davantage ?

On se base, pour contester cette solution, sur le texte de l'art. 892 du Code de procédure civi'e. Il y est dit en effet que :

« Sur le rapport du juge et les conclusions
« du ministère public, le tribunal *ordonnera*
« que le conseil de famille formé selon le
« mode déterminé par le code civil, section
« IV du chapitre II, au titre de la minorité,
« de la tutelle et de l'émancipation, donnera

« son avis sur l'état de la personne dont
« l'interdiction est demandée. »

Le tribunal *ordonnera*, donc le tribunal
ne peut pas encore statuer.

Mais on fait remarquer qu'il a pourtant
les éléments nécessaires dans le rapport du
juge et dans les conclusions du ministère
public (1).

3º *De la convocation et de la déliberation
du conseil de famille.* — Si le tribunal pense
qu'il y a lieu de poursuivre, il ordonnera la
convocation du conseil de famille, d'après les
règles posées pour la convocation du conseil de famille des mineurs.

L'article 407 dit que le conseil de famille
sera composé du juge de paix et de six parents ou alliés.

Dans le cas où n'y aurait pas de parents,
l'article 409 permet d'appeler les amis des
père et mère, mais il faut prendre garde de
n'appeler ces derniers que si les parents font
absolument défaut.

Les parents du reste peuvent se faire représenter par un mandataire.

L'interdit n'est pas toujours dans la situation du mineur. Il peut être marié, avoir des

---

(1) Cassation, 5 avril 1865, Dev. 1865, I, 158,

enfants, cas qu'on ne pouvait prévoir au chapitre de la tutelle des mineurs.

Le code a réglé cette hypothèse, car il parle du conjoint et des enfants dans un cas spécial énoncé dans l'article 495.

L'article 495 apporte une restriction dans la nomination des parents comme membre du conseil de famille.

« Ceux qui auront provoqué l'interdiction
« ne pourront pas faire partie du conseil de
« famille ; cependant l'époux ou l'épouse et
« les enfants de la personne, dont l'interdic-
« tion sera provoquée, pourront y être ad-
« mis, sans avoir voix délibérative. »

Cet article se divise en deux parties bien distinctes :

La première concerne les parents autres que l'époux et les enfants de celui qu'on se propose d'interdire. Elle est très claire et ne donne lieu tout au plus qu'à cette question. Ces parents peuvent-ils venir fournir des explications au conseil de famille ? Je le crois, car on peut avoir besoin de les entendre, et d'ailleurs c'est à titre de renseignements qu'ils parleront.

La seconde partie est plus obscure. A quel cas l'article 495 fait-il allusion à propos de l'époux et des enfants ?

Est-ce une exception à la règle qu'il vient de poser, ou est-ce une règle générale qui frappe dans toutes les occasions l'époux et les enfants qu'ils aient ou non provoqué l'interdiction ?

Des auteurs ont soutenu que cette mesure était générale.

Ce serait immoral de donner voix délibérative au conjoint et aux enfants, alors même qu'ils n'auraient pas provoqué l'interdiction. Ces personnes ont tout intérêt à ce que leur père ou leur époux soit interdit. Supposez d'ailleurs un conseil de famille composé uniquement du conjoint et de ses cinq enfants.

S'il est immoral de voir l'époux et les enfants voter dans le conseil de famille, quelles seront donc les expressions dont ces auteurs flétriront cette disposition de la loi, qui permet à l'époux de provoquer l'interdiction de so époux ?

Ils ont tout intérêt, dit-on, à ce que leur père ou leur époux soit interdit. Je ne crois pas que cet intérêt existe toujours, et qu'en entravant, en détruisant la capacité du père de famille, ils en recueillent beaucoup d'avantages.

J'en trouve la preuve dans le soin qu'on prend dans les familles à cacher la folie du père, dans ces maisons de santé où l'on met en traitement des fous non interdits, dans la loi du 30 juin 1838, nous montrant les répugnances des familles à faire interdire leurs parents.

Enfin l'hypothèse où un conseil de famille serait composé du conjoint et de cinq enfants sera assez rare pour qu'on n'en soit point épouvanté.

On a cherché ensuite dans les travaux préparatoires du code un argument en faveur du système que nous combattons.

On a opposé l'article 8 du projet qui déclare que le conjoint et les enfants n'ont pas voix délibérative encore *qu'ils n'aient pas provoqué l'interdiction* (1).

Cet argument est complètement en faveur du système que je soutiens, et je ne saurais en donner un meilleur. Si on a changé dans l'article 495 les termes de l'article 8 du projet, c'est la preuve qu'on n'a pas voulu sanctionner cette disposition, car s'il avait voulu la rendre exécutoire on ne l'aurait pas changée.

La place même de cette phrase, le mot *cependant* qui la rattache encore plus étroi-

----

(1) Fenet, t. X.

tement à la première partie de l'article 495, tout indique que c'est dans le cas seulement où le conjoint et les enfants auront provoqué l'interdiction, qu'ils n'auront pas voix délibérative dans le conseil de famille (1).

Le conseil de famille donne son avis sur l'état mental du défendeur.

A ce moment le tribunal peut-il, se déclarant bien renseigné, faire cesser la procédure en interdiction.

M. Duranton ne le pense pas. Il s'appuie sur un arrêt de la cour d'Orléans du vingt-six février mil huit cent dix-neuf.

Quant à nous, en l'absence de tout texte formel en cette matière, considérant que le tribunal peut avoir de la cause une connaissance suffisante par le rapport du juge-commissaire, par les conclusions du ministère public, par l'avis du conseil de famille, nous pensons qu'on peut épargner au défendeur la terrible épreuve de l'interrogatoire, alors que du reste le demandeur pourra toujours en appeler de ce jugement.

4° *De l'interrogatoire du défendeur.* — Dans le cas où la procédure suit son cours,

---

(2) Paris, 2 mai 1853, Dev. 53, II, 321. — Paris, 15 juin 1857, Dev. 58, II, 104.

la requète et l'avis du conseil de famille doivent être signifiés à celui qu'on veut interdire. (Article 893 du code de procédure civile).
Il est nécessaire que le défendeur sache sur
quels faits il sera interrogé.

L'interrogatoire doit avoir lieu dans la
chambre du conseil, en présence du tribunal
tout entier. (Article 496 du code civil).

Ces dispositions s'expliquent facilement,
elles sont indispensables pour que le défendeur réponde sans trouble, et pour que l'interrogatoire soit sérieux.

Le procureur de la république doit être
présent, car il doit intervenir dans tout ce
qui intéresse l'état des personnes et l'ordre
public.

Si la santé du défendeur ne permet pas
qu'il vienne en la chambre du conseil, un
juge commis à cet effet, assisté du greffier,
ira l'interroger à son domicile.

Les questions qu'on pose au défendeur ont
trait généralement aux choses usuelles. On
lui demande son nom, son âge, le chiffre de
sa fortune, on l'interroge sur des faits, sur
des propos relatés dans la requête. On s'ef-
force, si le défendeur est atteint de *monomanie* de le faire parler des choses dans lesquelles se manifeste son délire.

Le malade atteint de la folie des persécutions est interrogé sur les personnages, causes imaginaires de ses souffrances.

Souvent l'aliéne cherche à éluder les questions sur lesquelles il deraisonne. Son instinct l'avertit et le porte à dissimuler.

Parfois il répond juste, mais un laps de temps très grand s'écoule entre la demande et la réponse. Il lui faut un travail d'esprit considérable pour trouver une réponse.

Il peut même arriver que le malade soit dans un tel état de prostration ou de fureur, qu'il ne puisse pas répondre du tout. Dans ce cas, M. Demolombe arguant d'un arrêt de la Cour de cassation (1) prétend qu'on tiendra la preuve comme faite et la formalité comme accomplie.

Je crois qu'une distinction serait ici nécessaire.

Si le fou est dans un état d'*idiotie* ou de *paralysie générale* telle qu'il soit impossible d'en tirer une seule parole, parce que l'intelligence est nulle, dans ce cas on pourra dire que la preuve est faite.

Mais si le fou ne *veut* pas parler, s'il est dans un accès de fureur, ou dans la période

---

(1) Cassation, 4 juillet 1838, Dev. 1838, II, 654.

de prostration qui suit cet accès, l'interrogatoire doit être repris à un autre moment.

Le tribunal peut en effet, faire subir plusieurs interrogatoires au défendeur (article 497).

5° *De la nomination et des pouvoirs de l'administrateur provisoire.* — La procédure en interdiction est fort longue. Il est à craindre que la gestion du patrimoine de l'aliéné ne souffre de ces retards. Pour ce motif le tribunal peut nommer un administrateur provisoire qui prendra soin de la personne et des biens du défendeur.

Cet administrateur provisoire est nommé en *la chambre du conseil.*

On objecte la loi du 20 avril 1810, sur l'organisation de l'ordre judiciaire et l'administration de la justice.

L'art. 7 de cette loi est ainsi conçu :

« La justice est rendue souverainement
« par les Cours impériales : Leurs arrêts
« quand ils sont revêtus des formes pres-
« crites à peine de nullité ne peuvent être
« cassés que par une contravention contraire
« à la loi. Les arrêts qui ne sont pas rendus
« par le nombre de juges prescrit ou qui ont
« été rendus par des juges qui n'ont pas
« assisté à toutes les audiences de la cause

« ou *qui n'ont pas été rendus publiquement*,
« ou qui ne contiennent pas les motifs sont
« déclarés nuls, etc. ».

Pour réfuter cette objection il suffit de combiner l'art. 497 et l'art. 496 du Code civil.

En effet, il est dit dans l'art. 496 que le tribunal *interrogera le défendeur dans la chambre du conseil*, et dans l'art. 497, que le tribunal commettra, s'il y a lieu *après le premier interrogatoire*, un administrateur provisoire. Les deux actes, on le voit, se suivent sans interruption.

Du reste cette dérogation à la loi du 20 avril 1810, n'est pas la seule. L'art. 38 de la loi du 30 juin 1838, dit que sur la demande de certaines personnes, le tribunal *pourra nommer en chambre du conseil par jugement non susceptible d'appel* en outre de l'administratsur provisoire un curateur.

La loi ne dit rien des pouvoirs de l'administrateur provisoire, mais il est bien certain que son titre et le caractère qui lui est conféré, indiquent qu'il ne peut faire que les actes d'administration.

Le défendeur à l'interdiction a-t-il soit une hypothèque légale soit une hypothèque judiciaire sur les biens de cet administrateur provisoire ?

Il n'y a pas d'hypothèque légale parce que la loi ne l'accorde qu'aux mineurs et aux interdits.

Il n'a pas d'hypothèque judicaire, parce que ce jugement est un acte de juridiction gracieuse qui ne renferme aucun germe de condamnation. Si l'administrateur provisoire doit rendre compte, ce n'est pas à raison du jugement mais à raison de sa gestion (Bordeaux 25 Mars 1834)

Toutefois nous devons ajouter qu'un arrêt de la cour de Paris en date du douze Décembre mil-huit-cent-trente-trois a jugé en sens opposé.

Le tribunal, après, l'interrogatoire, peut ordonner une enquête, mais c'est purement facultatif. (Article 893 du code de Procédure civile.)

B'. *Deuxième partie de la procédure en interdiction.* — Ce n'est plus en *chambre du conseil* que les débats du procès en interdiction ont lieu, c'est à *l'audience.*

La cause y est portée comme pour les autres procès. Les débats sont contradictaires ou par défaut suivant que le défendeur constitue ou ne constitue pas avoué.

On sait que le ministère public doit être entendu.

1° *Du jugement.* — Le jugement doit être prononcé à l'audience publique.

S'il condamne le demandeur il déclare que le défendeur est en état de se conduire lui-même.

S'il condamne le défendeur, il prononce son interdiction, ou lui nomme un conseil judiciaire.

Dans ces deux cas le jugement est susceptible d'appel :

Si le défendeur succombe, c'est-à-dire si l'interdiction est prononcée, le défendeur seul a le droit de former appel. Si au contraire la demande a été repoussée, le demandeur soit l'un des membres du conseil de famille peuvent interjeter appel.

La cour peut interroger de nouveau le défendeur (art. 500), mais elle peut aussi employer tout autre moyen d'instruction.

2° *De la publicité du jugement.* — Si l'interdiction est prononcée, il est nécessaire de faire parvenir cette sentence à la connaissance des tiers dans le plus bref délai possible, car l'interdiction produit une incapacité qui prend date du *jour du jugement* (art. 502).

Pour celà le jugement portant interdiction sera, à la diligence du demandeur, levé signifié à partie et inscrit dans les dix jours sur les tableaux qui doivent être affichés dans la salle de l'auditoire et dans les études des notaires de l'arrondissement (article 501).

Un extrait du jugement est remis au secrétaire de la chambre des notaires, qui en donne récépissé, et le communique à ses collègues tenus d'en prendre note, et de l'afficher dans leurs études à peine de dommages et intérêts des tiers (1).

3° *Des effets du jugement.* — Les effets du jugement ne sont pas subordonnés à l'accomplissement de ces mesures de publicité.

En effet l'art. 562 déclarant que l'interdiction aura son effet du jour du jugement, et l'art. 501 accordant un délai de dix jours à partir du jugement pour les modes de publicité, l'effet du jugement a lieu avant que la publicité l'ait porté à la connaissance des tiers. On ne saurait donc objecter le défaut de publicité quand l'incapacité provenant de l'interdiction l'a légalement précédée.

D'un autre côté l'intérêt est très-grand. Il est urgent que l'incapacité frappe l'interdit

___

(1) Loi du 25 ventôse, an XI, art. 18, et Décret du 16 février 1807, *Tarif des frais et dépens*, pour le ressort de la Cour royale de Paris. Loi 2, ch. II, art. 175.

le plus tôt possible, car il peut de dépit. de
fureur dilapider ses biens, et tourner, dans
son inconscience, sa colère contre ses propres
intérêts.

Enfin les tiers qui auront à souffrir du
défaut de publicité ont un recours contre les
officiers publics responsables de cette omission.

Il n'y a donc aucun inconvénient à ce
que le jugement ait son plein effet alors
même que les formalités de publicité n'auraient pas été remplies, tandis qu'il serait
très-désavantageux pour le fou qu'il en fût
autrement. La loi d'ailleurs a bien indiqué
la solution en faisant remonter l'incapacité
au jour du jugement.

Que le jugement soit ou non frappé d'appel les officiers publics doivent le publier.

L'art. 505 fait naître une controverse. Il
est ainsi conçu :

« *S'il n'y a pas d'appel* du jugement d'in-
« terdiction rendu en première instance, ou
« s'il est confirmé sur l'appel, il sera pourvu
« à la nomination d'un tuteur et d'un su-
« brogé tuteur à l'interdit... etc. »

S'il n'y a pas d'appel : Assurément, disent
certains auteurs, la loi veut qu'on attende
pour nommer un tuteur et un subrogé tu-

teur, que les délais d'appel soient expirés ou que le jugement ait été confirmé par un arrêt. Celà s'explique; il n'est plus besoin de se presser, l'administrateur provisoire est là qui aura soin de la personne et des biens du fou.

On répond que c'est interpréter à tort l'art. 505. En règle générale le délai d'appel n'est pas suspensif et il ne peut pas confondre ce délai avec l'appel qui est suspensif. (Art. 457 Code de procédure civile).

On pourra donc nommer un tuteur et un subrogé tuteur, mais en cas d'appel, leurs pouvoirs seront suspendus et l'administrateur provisoire veillera sur le fou et sur ses biens.

SECTION II.

DU TUTEUR.

§ 1. — *De la nomination du tuteur.*

L'interdit est assimilé au mineur dans l'article 509. Comme lui il est mis en tutelle, et à moins de cas particuliers les règles qui régissent la tutelle des mineurs servent aussi pour la tutelle des interdits.

Cependant, parmi les différences qui existent entre la tutelle des mineurs et la tutelle des interdits, il en est une qui se rapporte à la matière que nous traitons maintenant :

La tutelle des interdits est toujours dative, tandis que celle des mineurs peut être testamentaire, légitime ou dative.

En effet, la disposition de l'art. 505 reproduit les mêmes expressions que l'art. 405 qui parle de la tutelle dative des mineurs.

Le Tribunat voulut faire changer ce système et présenta des observations. Elles furent combattues, et le texte de l'art. 505 ne fut pas modifié (1).

Cela se conçoit fort aisément si on considère le caractère même de la minorité. L'enfance produit une incapacité civile prévue, je pourrais dire fatale, et d'un autre côté elle est protégée par l'affection des ascendants. Tandis que la folie est un fait anormal, et qui par lui-même n'excite pas autant de sympathie et d'affection.

Du choix du conseil de famille. — En

---

(1) Locré, *Législation civile*, t. VII, p. 346.

matière d'interdiction, le conseil de famille
a le droit de choisir le tuteur et de le prendre
en dehors des ascendants.

Le Code fait cependant une exception
quand il s'agit de la femme mariée. (Art.
506.) Dans ce cas, la tutelle n'est pas dative :

« Le mari est de droit le tuteur de sa
femme interdite. » Cette dérogation s'explique et se justifie par le droit coutumier.
C'est une conséquence du droit de puissance
maritale.

En règle générale, les femmes sont incapables d'être tutrices. Cependant quand le
mari devient fou, et quand il est interdit,
la femme peut être nommée tutrice (article 507). Mais ici la femme n'est pas tutrice
de droit comme le mari, elle peut être
nommée par le conseil de famille.

Les articles 506 et 307 sont-ils applicables
quand les époux sont séparés de corps ?

Aucun texte ne donne la solution de cette
question.

Prenons d'abord le cas où la femme est
folle. La séparation de corps a été prononcée
contre elle.

Dans ce cas, le lien civil du mariage subsiste bien toujours, mais il n'y a absolument
que ce lien civil dénué de tout effet. La puis-

sance maritale est paralysée. Dans ces conditions, comme les éléments qui servaient
de base à cette tutelle légitime ont disparu,
elle ne doit plus exister. Ceci n'empêchera
pas le conseil de famille de nommer le mari
tuteur, s'il croit que c'est utile ou avanta-
geux pour la femme. Mais si des sentiments
hostiles subsistent encore entre les époux,
ne vaut-il pas mieux ne pas imposer cette
tutelle ?

Si la séparation de corps a été prononcée
contre le mari, la raison d'enlever à cette tutelle le caractère légitime est bien plus forte,
et cette fois nous avons l'art. 444 qui exclue
de la tutelle les gens d'une inconduite no-
toire.

Le texte de l'art. 506, je le reconnais, ne
parle que des époux, sans distinguer s'ils
sont ou non séparés de corps, mais du moins
ne dit-il rien de contraire à la théorie que je
viens de présenter.

Dans le cas où le mari serait fou, comme
ici, nous ne nous trouvons plus en face d'une
tutelle légitime, et que le conseil de famille
peut nommer qui bon lui semble, la femme
pourra être nommée tutrice, à la condition
qu'elle ne se trouve pas dans le cas de l'article 444.

Des causes, exclusions et destitutions de tuteurs. — Nous avons dit que les règles qui concernaient le conseil de famille étaient les mêmes pour la minorité que pour l'interdiction, nous pouvons en dire autant pour les causes d'excuses, d'exclusions et de destitutions des tuteurs.

C'est ainsi que certaines fonctions, un certain âge, deux tutelles, cinq enfants légitimes sont des causes d'excuses.

De même, on est incapable d'être tuteur à raison de son état (mineurs, interdits, femmes, sauf l'épouse, ceux qui ont un procès grave avec l'interdit).

On est exclu à cause de certaines condamnations ou à cause de sa conduite, et s'il y a réclamation de la part du tuteur écarté, le subrogé-tuteur poursuivra l'homologation de la délibération devant le tribunal de première instance qui prononcera, sauf appel. (Art. 448.)

§ II. *Des pouvoirs du tuteur.*

Les pouvoirs du tuteur des interdits sont à peu près les mêmes que ceux des tuteurs des mineurs. Il est le représentant de l'interdit dans tous les actes civils et doit prendre soin de sa personne et de ses biens.

Le domicile du tuteur devient le domicile de l'interdit. Mais qu'arrive-t-il si le fou est marié et si sa femme est nommée tutrice ?

Comme la femme a pour domicile celui de son mari, ce sera toujours le domicile du fou qui sera le domicile de la tutelle.

Mais si un autre que la femme était nommé où serait le domicile de cette femme ?

L'épouse n'a d'autre domicile que celui de son mari, or, le mari interdit a son domicile chez son tuteur; donc la femme a pour domicile le domicile du tuteur de son mari.

On a contesté la valeur de ce syllogisme et on a dit que le tuteur ne pouvait forcer la femme à résider chez lui, et qu'il ne pouvait exercer aucun des droits de la puissance maritale.

Nous ne contestons pas du tout ceci, mais il faut distinguer entre le domicile et la résidence. Que la femme ait sa résidence où bon lui semble, rien de mieux, la question du domicile ne se trouve pas attaquée pour cela. Le mineur non émancipé qui réside chez le survivant de ses père ou mère alors que ce survivant n'est pas tuteur n'en a pas moins son domicile chez son tuteur :

A. — *Pouvoirs du tuteur sur la personne.* —Le tuteur doit veiller sur la personne. C'est très-nécessaire, car il faut prendre toutes les mesures indispensables pour empêcher que le fou puisse commettre des actes nuisibles sur sa personne ou sur celle des autres.

A ce sujet le conseil de famille pourra tracer une ligne de conduite au tuteur qui devra la suivre. Il pourra décider de quelle façon le fou sera traité. S'il le sera chez lui, ou dans une maison de santé ou dans un hospice. On fixera en même temps le chiffre de la dépense annuelle, et ici il faut se rappeler dans quel but la loi désire qu'on emploie les revenus de l'interdit judiciaire.

Bien loin de lui enlever l'exercice de ses droits pour le punir comme dans l'interdiction légale que nous étudierons plus tard, on charge le tuteur de l'interdit judiciaire de dépenser les revenus pour adoucir et améliorer, si faire se peut la situation de l'interdit.

Ainsi les instructions données par le conseil de famille, les mesures que doit prendre le tuteur doivent avoir pour objet la guéri-

son du fou. Si elle n'est pas possible, on doit
viser à adoucir son sort.

Si les revenus étaient insuffisants,   conseil de famille pourrait, bien que l'art. 510 ne
le dise pas, appliquer les capitaux de l'interdit aux dépenses nécessaires pour sa guérison, il serait étrange en effet que pour une
malheureuse question d'argent un fou jugé
guérissable ne pût revenir à la raison.

B. *Pouvoirs sur les biens.* — Si le tuteur
n'est pas administrateur provisoire, il doit
recevoir le compte de cet admistrateur.

Au contraire, s'il a ces deux qualités, il
paraît résulter des textes qu'il ne doit rendre
le compte de son administration, qu'avec le
compte de sa tutelle.

Dans la gestion du patrimoine de l'interdit il y a des actes qu'il est permis au tuteur
de faire, et d'autres qui lui sont formelle-
mellement interdits.

Parmi les actes qu'il peut faire, il en est
qu'il peut accomplir seul, d'autres pour lesquels l'autorisation du conseil de famille est
nécessaire, d'autres pour lesquels il faut,
outre l'autorisation du conseil de famille,
l'homologation du tribunal, quelquefois
même avec certaines formalités.

Le tuteur peut faire seul tous les actes qui

ne sont pas rangés dans les trois autres catégories. En examinant quels sont les actes
qui sont rangés dans ces trois catégories,
nous saurons quels sont les actes que le tuteur ne peut pas faire seul. et par conséquent
aussi ceux qu'il peut faire seul, puisque ce
sont tous ceux qui ne sont pas marqués
dans les autres classes.

Des actes complétement interdits au tuteur.
— Le tuteur ne peut faire des actes de disposition à titre gratuit si ce n'est des pré-
sents d'usage ou de légers dons rémunéra-
toires.

Il ne peut pas renoncer aux droits de l'incapable, à la prescription, ni donner main-
levée d'une inscription hypothécaire sans
paiement prealable. En effet, ce ne sont pas
des actes d'administration, il n'est nullement dans l'intérêt de l'interdit qu'on fasse
de pareils actes.

Le tuteur ne peut non plus passer de com-
promis. Car, en faisant trancher par un tiers
un différend au lieu de le faire trancher par
le tribunal, le tuteur priverait l'interdit d'un
appui, et il manquerait à une règle générale.
Cet appui, c'est le ministère public, cette
règle, c'est la nécessité pour le ministère public d'intervenir toutes les fois que dans un

procés figure un mineur ou un interdit.

Le tuteur ne peut pas accepter une succession échue à l'interdit purement et simplement. Nous verrons, en effet, qu'il ne peut l'accepter que sous bénefice d'inventaire.

Il ne peut non plus se rendre acquéreur à l'amiable ou aux enchères publiques des biens du fou. Il pourrait cependant s'en rendre adjudicataire, s'il était co-propriétaire des biens vendus.

Enfin il ne peut se rendre cessionnaire à titre onéreux des droits ou créances existant contre l'interdit

Le motif de ces dispositions est d'éviter, autant que possible, toute cause d'hostilité entre ces deux personnes, et d'empêcher que le tuteur ne fasse ses affaires au détriment de celles du fou.

Des actes que le tuteur peut faire avec l'autorisation du conseil de famille. — L'autorisation du conseil de famille est nécessaire.

Pour accepter une succession sous bénéfice d'inventaire, pour y renoncer. Ces dispositions s'appliquent non-seulement aux successions *ab intestat*, mais encore aux legs universels ou à titre universel (1)

______

(1 Paris, 4 juin 1865.

Il en serait de même s'il s'agissait de reprendre une succession répudiée. Mais le tuteur peut sans autorisation du conseil de famille accepter la délivrance de legs particuliers, de meubles, d'immeubles même, faits en faveur de l'interdit , pourvu qu'ils ne soient pas soumis à des charges.

Le tuteur ne peut accepter ou refuser une donation faite à l'interdit, sans l'autorisa tion du conseil de famille.

Il en est cependant différemment dans la tutelle des mineurs quant un ascendant est tuteur. On a pensé que cet ascendant était très-apte à distinguer s'il convenait d'accepter ou de refuser la donation.

Cette disposition se trouve au titre de la tutelle des mineurs et comme proches parents il n'y a guère que les ascendants à citer.

Mais ici, il s'agit de l'interdit. Or l'interdit peut être marié, peut avoir des descendants. Ce qu'on ne pouvait prévoir pour le mineur.

Faut-il appliquer la disposition qui dispense les ascendants de l'autorisation du conseil de famille pour les donations, aux descendants?

Comme les ascendants, les descendants

sont en ligne directe ; comme eux ils sont des parents d'un degré très-rapproché, comme eux enfin ils doivent avoir souci de la dignité de leur auteur.

Malgré ces raisons nous ne croyons pas que cette assimulation doive être faite.

La tutelle des père et mère et autres ascendants est pour ainsi dire dans la tutelle des mineurs une sorte de puissance paternelle, c'est une tutelle légitime pour le mineur.

En matière d'interdiction, sauf le cas du mari tuteur de droit de sa femme folle, toute tutelle est dative, et c'est ce qui me ferait croire que, dans le cas qui nous occupe, le tuteur, quel qu'il soit, a besoin de l'autorisation du conseil de famille pour accepter ou refuser une donation.

Le caractère d'ascendant ne confère plus ici la tutelle par son seul titre. Si l'ascendant est tuteur, c'est qu'il a été choisi par le conseil de famille et alors il est régi par les règles ordinaires de la tutelle, et je pense que, comme tout autre, il doit demander l'autorisation du conseil de famille.

Le transfert des inscriptions de rente sur l'État se range encore dans cette catégorie. Cependant si la totalité des inscriptions n'excède pas 50 francs de rente, le tuteur peut agir seul (1).

Il ne peut pas davantage négocier des actions de la Banque de France lorsque l'interdit est propriétaire de plus d'une action ou de divers coupons valant ensemble plus d'une action (2). Il faut encore ici l'autorisation du conseil de famille. Mais qu'il y ait transfert, qu'il y ait négociation, ces opérations ne peuvent être accomplies que suivant le cours de la Bourse du jour, qu'on aura fait constater légalement.

Des actes que le tuteur peut faire avec l'autorisation du conseil de famille et l'homologation du tribunal. — Le tuteur doit avoir recours à l'autorisation du conseil de famille et à l'homologation du tribunal quand il faut vendre les immeubles de l'interdit.

La permission ne peut être accordée que quand il y a nécessité urgente ou avantage évident. On le prouve en montrant par un compte sommaire que les revenus ne sont pas suffisants.

Le conseil de famille doit indiquer dans sa

---

(1) Loi du 24 mai 1896, art. 1 et 3.
(2) Décret du 25 septembre 1873.

délibération les immeubles qui doivent être aliénés avec leur estimation approximative. Le tribunal doit déterminer les conditions de la vente.

Elle est faite en présence du subrogé-tuteur en suivant certaines formes indiquées au titre VI du code de procédure civile. C'est une vente aux enchères, avec certaines dispositions concernant la publicité.

Il faut également l'homologation du tribunal pour que des hypothéques soient consenties sur les biens de l'interdit.

Il en est de même pour que le tuteur puisse recevoir le paiement par anticipation des fermages et loyers.

Quant à la transaction, il faut outre ces formalités, l'avis de trois jurisconsultes.

Des actes que le tuteur peut faire seul. — Nous avons passé en revue tous les actes que le tuteur ne peut faire qu'avec l'autorisation du conseil de famille, et même parfois avec l'homologation du tribunal. Nous allons examiner rapidement les actes que le tuteur peut faire seul.

On peut dire en régle générale que le tuteur peut faire seul tous les actes d'administration. Nous avons vu les cas exceptionnels tous les autres rentrent dans la règle, et par conséquent n'ont besoin d'aucune autorisation.

Le tuteur sera plus prudent en consultant parfois le conseil de famille mais il n'y est pas obligé.

C. Cas particuliers à la tutelle des inter-dits. — Les dispositions que nous venons d'énoncer sont communes à la tutelle des interdits. Mais il peut se présenter des cas particuliers à la tutelle de l'interdit, par exemple lorsqu'il est marié, lorsqu'il a des enfants.

Mariage de l'enfant de l'interdit. — L'article 511 s'occupe du cas où l'enfant de l'interdit se marie. La dot, les avancements d'hoirie et les autres conventions matrimoniales sont réglés par un avis du conseil de famille homologué par le tribunal, sur les conclusions du procureur de la République. On comprend que ce n'est pas un motif parce que le père est interdit de priver l'enfant de ces avantages.

La loi parle des *enfants* : Faut-il entendre ce mot dans le sens générique de descendants ou faut il borner cette disposition aux *fils et aux filles ?*

Je crois qu'on doit donner toute l'extension que ce mot comporte, à l'expression *enfants.*

L'enfant naturel reconnu par l'interdit est compris aussi dans l'article 511.

La loi ne permet-elle ceci que dans le cas de mariage ? L'article 511 doit être entendu d'une façon large et dans tous les cas où il s'agit de l'établissement de l'enfant de l'interdit.

Mais il faut remarquer que ce n'est qu'à titre d'avancement d'hoirie que ces biens sont concédés, et que le conseil de famille ne pourrait dispenser l'enfant du rapport.

En faisant cette donation le conseil de famille a le droit de régler les autres conventions matrimoniales et d'examiner quel est le régime sous lequel l'enfant se marie et quelles sont les clauses de ce régime.

Du conjoint de l'interdit. — Nous avons supposé que l'interdit avait des enfants, prenons maintenant le cas où son conjoint existe. Nous aurons trois hypothèses :

1º La femme est interdite et le mari est son tuteur.

2º Le mari est interdit et sa femme est nommée tutrice.

3º L'un des deux époux est interdit, mais c'est un tiers qui est nommé tuteur.

1º *Le mari est tuteur et sa femme interdite.* — Le mari n'en conserve pas moins sur sa femme la puissance maritale, cependant s'il la maltraitait, le conseil de famille pourrait intervenir et ordonner des mesures obligatoires pour le tuteur, il pourrait même pour ce fait le destituer de la tutelle.

On pourrait aussi, au nom de la femme interdite, intenter une demande en séparation de corps.

Le mari tuteur continue seul à exercer la puissance paternelle sur les enfants issus de son mariage.

Les pouvoirs du mari sur les biens de la femme sont les mêmes que si la femme avait sa raison, et il continue à les régir d'après les clauses de son contrat de mariage.

Cependant si le mari, par sa mauvaise administration, mettait en péril les biens de sa femme. la séparation de biens pourrait être demandée au nom de la femme interdite.

Le seul cas où la situation du mari serait changée. serait celui où il n'aurait pas par contrat de mariage l'administration des biens de sa femme; dans ce cas il doit se conformer aux règles ordinaires de la tutelle et faire l'inventaire des biens.

2° La femme est nommée tutrice de son mari interdit. — Dans le projet du Code civil (livre I, titre 10), l'article 29 était ainsi conçu :

« En ce cas, le conseil de famille règle la
« forme et les conditions sous lesquelles
« l'administration doit être déférée à la
« femme. *Le tout conformément aux con-*
« *ventions matrimoniales qui règlent les*
« *droits respectifs des deux conjoints.* »

L'article 507 du Code civil ne contient pas ce dernier membre de phrase. Il est plus général que l'article du projet. C'est au conseil de famille à examiner les conventions matrimoniales et à voir jusqu'à quel point on peut en confier à la femme l'exécution.

Dans tous les cas qui se croit lésé peut se pourvoir devant les tribunaux.

La femme tutrice est chargée du soin de la personne de son mari fou. Mais son pouvoir est moins grand que celui de son mari dans l'hypothèse précédente. Ce dernier, en effet, avai la puissance maritale, tandis que la femme n'a que les pouvoirs d'un tuteur ordinaire.

Ses pouvoirs sur les biens sont encore moins étendus. Elle doit faire inventaire non-seulement des biens du mari mais encore des biens de la communauté.

Pour ces derniers, il y avait eu doute au-

trefois (1), On disait que la femme adminis-
trait ses propres biens. Ce n'est pas exact :
tant que la communauté dure, la femme
n'en a pas l'administration en son nom propre, mais comme tutrice de son mari, et
pour aliéner les biens de la communauté, il
lui faut suivre les mêmes règles que pour
aliéner les biens de son mari :

3° *Un tiers est nonné tuteur d'un des
époux interdits* — Le mari est en état d'interdiction. Le tuteur est chargé de l'administration des biens du mari, des biens de
la communauté même des biens personnels
de la femme, dont le mari avait l'administration en vertu de son contrat de mariage.

On croyait autrefois que l'interdiction du
mari autorisait la femme à demander la séparation de biens. Il est certain que la femme
le peut dès que sa dot est en péril, mais elle
n'est pas en péril par le seul fait de l'interdiction du mari (2).

Le tuteur n'a aucun pouvoir sur la personne
de la femme, il n'exerce pas la puissance
maritale, pas plus que la puissance pater-

---

(1) Poullain-Duparc, principes de droit.

(2) Arrêt de la Cour de Paris, 18 mars 1870, dans Dalloz
1870, II, 102. Arrêt de la Cour de Lyon, 11 novembre 1869,
Dalloz 1869, II, 69.

nelle. C'est la femme qui a la direction du ménage.

La femme est interdite et un tiers est nommé son tuteur. Ce dernier et le mari ont tous deux des pouvoirs sur la personne. De plus le tuteur a des pouvoirs sur les biens dont la femme s'était réservé l'administration.

III. *Fin de la tutelle.*

Il y a cessation de la tutelle des interdits quand les causes qui déterminaient cette tutelle ont cessé. C'est-à-dire quand l'interdit est mort ou quand il est guéri.

Il y a changement de tuteur quand il meurt ou quand il se fait excuser au bout de dix ans d'exercice.

Le conjoint, les ascendants ne peuvent faire valoir cette excuse.

De la main-levée de l'interdiction. — Lorsque l'interdit n'est plus dans un état habituel d'imbécillité de *démence ou de fureur, il y a lieu à la main-levée* de l'interdiction.

Comme on le voit, c'est une question de

fait ; elle est laissée à l'appréciation des magistrats.

Pour obtenir cette main-levée il faut introduire une instance semblable à la demande d'interdiction, et qui est soumise aux mêmes formes (article 512).

Cet article ne nous dit rien des personnes qui sont mises en cause, et c'est une question très controversée de savoir par qui et contre qui cette demande peut être formée.

Nous pensons que cette demande doit être formulée par l'interdit contre son tuteur.

Elle doit être formulée par l'interdit : Mais on fait les objections suivantes :

L'interdit est absolument incapable, et il est à craindre qu'en lui donnant ce droit il en abuse, et que tous les jours le tribunal soit saisi des demandes du fou qui se croit persécuté.

Nous répondrons que le fou peut guérir et et qu'on ne saurait lui enlever le droit imprescriptible de revendiquer sa liberté et sa capacité. Quant aux abus et aux conséquences qu'il tirera de ce droit, on peut facilement les resteindre. Si la requête adressée par le fou au président n'est pas sérieuse, il n'y sera pas donné suite. Si au contraire l'interdit a de justes motifs pour réclamer sa capacité, il ne faut pas lui enlever les moyens de la recouvrer.

Il est tout naturel que l'interdit forme la demande contre son tuteur, c'est lui qui représente l'interdiction.

Du reste contre quelle autre personne pourrait-il la former?

Contre ceux qui ont provoqué l'interdiction? Mais ils peuvent être morts, tandis que tant qu'il y aura interdiction, il y aura toujours un tuteur qui sera au courant des affaires et de la conduite du fou, et qui par conséquent pourra défendre à la demande en connaissance de cause.

La cour de Cassation a décidé qu'il n'était pas nécessaire que le fou indiquât ou mît et cause quelqu'un. Le conseil de famille et le ministère public répondront à la demande intentée par l'interdit.

Mais cette demande peut-elle être formée par une personne autre que l'interdit, par exemple par le tuteur, le subrogé tuteur ou même un des parents, et dans ce cas contre qui serait-elle formée?

Nous n'avons dans les dispositions de la loi aucun texte qui nous permette de répondre à ces questions.

Le tribunal compétent pour connaître de

cette mesure est celui qui a prononcé l'interdiction.

L'interdit présentera une requête au président du tribunal qui la communiquera au
ministère public, et nommera un juge
rapporteur.

Après le rapport du juge, les conclusions
du ministère public, et l'avis du conseil de
famille, l'interdit sera interrogé dans la
chambre du conseil, et le jugement de main-
levée d'interdiction sera prononcé, s'il y a
lieu en audience solennelle.

La personne qui aura obtenu main-levée
de son jugement d'interdiction recevra les
comptes de tutelle de son tuteur dans les
régles indiquées pour la reddition des comptes
de tutelle des mineurs.

SECTION III.

DE LA CONDITION DE L'ALIÉNÉ.

§ I. *Des actes passés par l'interdit depuis son
interdiction.*

L'article 502 déclare que les actes passés
par l'interdit sont *nuls de droit.*

Il ne faudrait pas prendre ces expressions

à la lettre. Ces actes existent, et le tiers qui a traité avec le fou ne serait pas admis à en prouver la nullité.

Seuls l'interdit et ses ayant droit sont recevables à en demander la nullité.

Mais ces actes portent en eux-mêmes la cause d'annulation, et lorsque l'interdit invoquera son incapacité au moment où ces actes ont eu lieu, ils tomberont par ce fait seul et sans qu'on ait besoin d'invoquer une lésion quelconque.

L'action en nullité des actes de l'interdit peut être exercée par lui pendant dix ans à partir de la main-levée de l'interdiction. Pendant cette période de dix années, ces actes sont susceptibles de confirmation ou de ratification.

Mais on s'est demandé si l'incapacité de l'interdit énoncée par l'art. 502 était *absolue*. Le texte semble l'indiquer et déclarer que l'interdit ne peut plus faire désormais aucun acte.

Avant d'entrer dans la discussion de l'article 502 il est une différence à établir entre le droit romain et le droit français en cette matière :

Le droit romain subordonne les pouvoirs du curateur à la capacité du fou. C'est une

protection qui lui est accordée quand la folie l'empêche de manifester sa volonté. C'est
pour cela que nous avons commencé par
étudier la condition du fou, avant d'examiner les pouvoirs du curateur, qui ne faisaient
que suppléer, autant qu'il était possible, l'incapacité *naturelle* du fou.

Le droit français au contraire a *créé* une
incapacité au fou en établissant les règles
de la tutelle. L'hypothèse est renversée ici,
ce sont les pouvoirs du tuteur qui déterminent jusqu'à quel point doit s'étendre
l'incapacité du fou.

Que le droit français s'inspirant de cette
idée qu'il faut que la gestion des biens soit
une, et que dans l'intérêt du fou, il importe
que le patrimoine soit toujours géré par le
tuteur, ait déclaré dans l'art. 489 qu'on ne
tiendrait pas compte pour l'administration
des biens des intervalles lucides, je n'y vois
qu'une mesure utile et nécessaire.

Mais qu'en vertu de cet art. 502 combiné
avec l'art. 489, on dénie au fou le droit de
faire, dans un intervalle lucide, des actes
éminemment personnels et qui ne regardent
en rien l'administration du tuteur, c'est
faire tourner la protection que la loi doit à
l'incapable en une oppression injuste, c'est

le condamner à une sorte de mort civile.

L'art. 502 qui est si peu vrai quand il déclare les actes *nuls de droit* ne saurait nous arrêter.

Il est au chapitre de l'Interdiction, c'est-à-dire dans un un chapitre spécial qui a pour but de régler la tutelle et les pouvoirs du tuteur. Qu'il soit une sanction pour les actes du fou qui viendraient paralyser les pouvoirs du tuteur, nous le comprenons.

Les pouvoirs du tuteur en effet restreignent la capacité de l'aliéné, et ce dernier ne peut empiéter sur l'administration du tuteur ; ici son incapacité est complète, mais pour tout ce qui excède les pouvoirs du tuteur, la capacité de l'interdit rentre dans le droit commun, et c'est dans les conditions exigées pour la validité de tel acte en droit commun que nous devons chercher la capacité de l'aliéné.

La preuve encore que cet art. 502 n'a pas le sens étendu qu'on lui prête, c'est qu'il y est aussi question de la personne qui a un conseil judiciaire, or on ne dira pas que la personne pourvue d'un conseil est entièrement incapable de faire tout acte.

Cet art. 502 est du reste contredit par l'article 509 qui déclare *l'interdit assimilé au*

mineur pour sa personne et pour ses biens,
et nous savons encore que le mineur n'est
pas privé de faire tout acte. Nous savons
qu'il peut se marier à un certain âge par
exemple :

1° *De la responsabilité pénale de l'interdit.*
— Il est reconnu à peu près par tout le
monde que l'interdit qui dans un moment
de *rémission* très-franc a commis un crime,
est responsable de ce crime et peut être condamné. Presque tous les auteurs de droit
civil qui n'admettent pas que l'interdit soit
capable de faire lui-même certains actes re-
connaissent cependant sa responsabilité en
matière pénale quand il est dans un intervalle lucide. La science médicale elle-même
a très-nettement établi la responsabilité de
l'aliéné dans une période d'*intermittence* (1).

2° *Reconnaissance d'un enfant naturel.* —
L'interdit peut-il reconnaître un enfant naturel?

Cet acte n'est pas en contradiction avec
les pouvoirs du tuteur. Il n'intervient nullement dans l'administration des biens et s'il
a des conséquences pécuniaires, l'acte en
lui-même a une portée plus haute.

---

(1) M. Brierre de Boismont. Rapport lu à l'Académie des
Sciences, *Gazette des Tribunaux*, 13 et 14 mars 1865.

C'est la réparation d'une *faute*, qui n'est ni un délit, ni même un quasi-délit, mais qui dans certains cas peut devenir la cause d'une demande en dommages et intérêts en vertu de l'art. 1382.

C'est une réparation volontaire, émanée de la conscience du fou qui l'a commise, et dans ce cas le fou serait-il condamné à ne pouvoir réparer le mal qu'il a commis ?

C'est au nom de l'intérêt de la société. de la liberté de conscience violée, que nous croyons pouvoir demander que l'aliéné interdit puisse dans un interville lucide reconnaître son enfant.

Un dernier argument de droit : On a assimilé dans l'article 509 l'interdit au mineur, quant à sa personne et quant à ses biens ; or, de nombreux arrêts (1) déclarent que le mineur, qui a reconnu un enfant naturel, ne peut, en arguant de sa qualité de mineur, annuler la reconnaissance d'un enfant naturel qu'il a faite sur les registres de l'état civil ou autrement.

Nous en tirerons cette conséquence : On ne peut annuler la reconnaissance d'un en-

----

(1) Voyez Dalloz, répertoire de jurisprudence.

fant naturel faite par un aliéné, par la seule raison que cet aliéné est interdit.

La capacité de l'interdit rentre en cette matière dans le droit commun et nous ne trouvons dans la section qui traite *de la reconnaissance des enfants naturels* aucun texte qui renferme une prohibition contre l'interdit.

3° *Du mariage de l'interdit*. — Nous n'avons encore en cette matière aucun texte prohibitif.

L'art. 146, il est vrai, exige le consentement, mais l'aliéné, dans un intervalle lucide, peut le donner.

Personne ne niera cette solution. On conçoit que l'aliéné puisse dans un intervalle lucide, très-net, comprendre les conséquences de l'acte qu'il accomplit, et il y aurait inhumanité à lui refuser l'exercice d'un droit qui servira parfois à légitimer des enfants naturels.

Telles sont les conclusions que M. le docteur Billod, directeur-médecin de l'asile des aliénés de Vaucluse (arrondissement de Corbeil) a posées à l'une des séances de la société médico-psychologique (1).

1, *Gazette des hôpitaux*, mardi 7 mars 1876.

« Un malade atteint de *paralysie géné-
« rale* éprouve une rémission très-nette, et
« dans cette période, du reste assez durable,
« de rétrocession pathologique, il demande
« à épouser sa maîtresse et à reconnaître les
« trois enfants qu'il a eus d'elle. Il a tou-
« jours songé très-sérieusement à réaliser ce
« désir, dont il n'a été détourné malgré lui
« que par des embarras d'argent, et il n'a
« acquis la possibilité de se marier que par
« le fait d'une récente intervention chari-
« table. Son insistance est calme, celle de la
« femme est digne. Or, *quid agendum?* »

M. le docteur Billod passe en revue la législation romaine et la législation française,
donne les raisons que nous avons déjà données, et conclut en disant que le mariage
peut être célébré.

Pour donner plus de force à sa doctrine,
M. le docteur Billod cite des cas analogues
qui ont reçu précédemment la même solution :

« Pierre S..., sergent du génie, se trou-
« vait à Lyon en 1831 au moment des trou-
« bles politiques. Saisi par une troupe d'ou-
« vriers qui voulaient le jeter dans le Rhône,
« il éprouva une violente émotion et devint
« sujet à des attaques d'épilepsie.

« En 1844, étant alors en retraite à Mont-
« pellier, il eut un accès de fureur, il se pré-
« cipita dans une rue et désarma une senti-
« nelle. Au mois de mai 1846, en proie à un
« nouvel accès de fureur il s'arma d'un cou-
« teau, fit à plusieurs personnes inoffensives
« des blessures très-graves, et fut placé dans
« l'asile des aliénés du département de l'Hé-
« rault.

« Pierre S... vivait avec une femme dont
« il avait eu un enfant, et il désira légitimer
« ce dernier par un mariage. Le docteur
« Rech, médecin de l'asile, fit un certificat
« et constata que l'aliénation mentale n'é-
« tait pas continue, que pendant des inter-
« missions assez longues d'ailleurs, la raison
« était entière, et l'autorité civile procéda
« au mariage.

« Le 21 mars 1850, au moment où le dîner
« sonnait, à cinq heures du soir, Pierre
« S... eut une attaque près de son lit. »

On le laissa seul et, quand on revint, il
s'était donné la mort dans un accès de fureur.

M. le docteur Billod cite enfin le cas
d'une dame M..., âgée de soixante-deux
ans, diabétique, opérée d'une cataracte

double, hémiphlégique à gauche, affaiblie intellectuellement et gâteuse.

Je me suis étendu sur ces exemples à dessein. Ils se rapportent en effet aux trois cas énumérés par l'article 489. Le premier rentre dans le cas de démence ; le second, dans celui de fureur ; le troisième, dans celui d'imbécillité, et j'en ai dit assez pour montrer que, quoique ces états ne fussent pas continus, ils étaient cependant habituels.

On a objecté à la doctrine que je soutiens les conséquences funestes de ces mariages. On a parlé des enfants qui naîtraient de ces unions.

Outre que l'aliéné pourra toujours donner la vie à des enfants hors mariage, il est beaucoup d'autres personnes auxquelles il faudrait interdire le mariage si on voulait être logique.

Il faudrait défendre aux alcooliques et aux épileptiques non aliénés de se marier, car de leurs mariages naîtront souvent des enfants idiots ou fous. Or, on n'est jamais allé jusque-là.

Ne vaut-il pas mieux, dans tous les cas, laisser la décision à l'appréciation des tribunaux qui pourront commettre un médecin expert, ainsi qu'il a été ordonné dans le troisième exemple que j'ai cité ?

4° *Du testament.* — Les mêmes raisons me font admettre que l'interdit peut faire son testament.

Il n'intervient pas par cet acte dans la gestion de son patrimoine, puisque le testament ne produira son effet que quand l'interdit sera mort et quand la tutelle, par conséquent, aura pris fin.

Il n'y a dans la partie du Code qui traite des testaments, aucune prohibition spéciale à l'interdit. Sa capacité rentre donc dans le droit commun, et l'art. 901 qui exige que le testateur soit sain d'esprit, lui est applicable.

Pendant un intervalle lucide, l'interdit sera sain d'esprit, en conséquence, il pourra tester à ce moment.

Mais comment prouvera-t-on la durée, l'existence même de cet intervalle lucide ?

L'interdit qui tiendrait à ce que son testament fut respecté pourrait se faire examiner par un médecin aliéniste lors de la confection du testament.

S'il ne l'avait pas fait, l'interdiction ne saurait être qu'une présomption, qui tomberait devant la preuve contraire.

5° *Des donations.* — Comme pour le testament, la capacité du fou est régie par l'article 901.

Mais on fait une grave objection dans cette dernière hypothèse. Jusqu'à présent les actes que nous venons de citer n'entravaient pas l'administration du tuteur, on ne en peut dire autant de la donation.

Il est certain que si le fou faisait très-fréquemment des donations, l'administration des biens pourrait être entravée. Mais on ne fait pas des donations tous les jours, et en faisant une donation, on touche à la disposition des biens et non à leur administration.

Les suggestions seront certainement à craindre, mais il faut se rappeler que la forme du contrat offre des garanties de ce côté. C'est devant notaires que l'acte se passe et il doit en rester minute sous peine de nullité (art. 931).

On objecte encore le sort fait au mineur en cette matière. Le mineur ne peut faire de donation (art. 903), et comme l'art. 509 assimile l'interdit au mineur pour sa personne et pour ses biens, on déclare que l'interdit ne peut faire de donation.

Si le Code s'est expliqué à l'égard du mi-

neur, il eût bien pu s'expliquer à l'égard de
l'interdit ; s'il ne l'a pas fait c'est qu'il n'a
pas cru devoir devoir frapper l'interdit d'une
incapacité spéciale.

D'ailleurs l'art. 904, déclare que le mineur
parvenu à l'âge de 16 ans, ne pourra disposer
que par testament, et jusqu'à concurrence
seulement, des biens dont la loi permet au
majeur de disposer.

Cet art. 904 se rattache intimement à l'article 903. et montre que l'hypothèse est tout
à fait spéciale et ne s'applique qu'aux mineurs.

§ II. *Des actes passés par l'interdit avant son
interdiction.*

« Les actes antérieurs à l'interdiction pour-
« ront être annulés si la cause de l'interdic-
« tion existait *notoirement* à l'époque où ces
« actes ont été faits. » (art. 503)

La preuve de la notoriété de la folie peut
être faite par tous les moyens, mais les tiers
peuvent récuser l'enquête qui aurait eu lieu
lors de la procédure en interdiction.

A ce moment, en effet, ils n'étaient pas
en cause, et ne pouvaient intervenir.

III. — *Des actes qui peuvent être attaqués après le décès d'une personne non interdite.*

Quant à la personne non interdite, et dont l'interdiction n'aurait pas même été provoquée, tous les actes passés par elles sont valables. Cependant après son décès, on peut attaquer un acte fait par elle, alors que cet acte prouve la démence.

« Après la mort d'un individu, les actes
« par lui faits ne pourront être attaqués pour
« cause de démence qu'autant que son inter-
« diction aurait été prononcée ou provoquée
« avant son décès ; à moins que la preuve
« de la démence ne résulte de l'acte même
« qui est attaqué. » (art. 504.)

La maladie, la vieillesse peuvent occa-sionner un délire particulier, dont certaines personnes intéressées pourraient profiter.

« L'homme qui va mourir, dit M. Tardieu,
« dans l'ouvrage que nous avons cité plus
« haut, et chez lequel les forces physiques
« sont déjà presque anéanties, perd quel-

« quefois aussi le sentiment et la cons-
« cience. »

Dans ce cas. on examinera conformément
à l'art. 504, si l'acte en lui-même renferme
la preuve de la démence, et on demandera
si cette preuve existe, l'annulation de cet
acte.

CHAPITRE II.

DES PERSONNES PLACÉES DANS UN ÉTABLISSEMENT PUBLIC OU PRIVÉ D'ALIÉNÉS.

Etude de la loi du 30 juin 1838.

§ 1. *Des aliénés avant la loi de 1838.*

A. traitement des aliénés. — Nous savons quel était le traitement des fous dans le droit coutumier nous savons quel était leur sort misérable, et combien peu de soulagements la civilisation avait apportés à leur souffrance.

Nous avons vu le droit intermédiaire essayant de classer les personnes détenues. Pendant qu'on s'efforçait de séparer les fous des criminels, une réforme s'accomplissait dans le traitement médical de ces malades.

Pinel, chargé de la direction de Bicêtre en 1792, démontra le premier que la douceur, les bons soins, un régime moral amélioraient et pouvaient, dans certains cas, guérir l'état mental des aliénés. Grâce à lui on adopta un traitement plus humain.

Cependant la routine était bien grande, car bien des abus subsistaient encore en 1819. Il n'y avait alors en France que huit établissemenrs spéciaux d'aliénés. Vingt-quatre hospices les recevaient dans des quartiers séparés, mais un grand nombre d'entre eux encombraient les maisons de correction, les dépôts de mendicité, les prisons.

Dans la plupart des cas les aliénés étaient jetés dans des loges humides et sombres, sans lumière et sans air. Les fous furieux couchaient par terre ou sur le pavé, les autres sur une paille rarement renouvelée. Les infirmiers se faisaient accompagner par des chiens énormes, et étaient armés de nerfs de bœuf. Enfin c'est à peine si on était parvenu à substituer la camisole de force aux chaînes et aux colliers de fer (1).

Du reste, voici les paroles de M. Vivien, rapporteur de la loi du 30 juin 1838, dans la séance du Corps législatif du 18 mars 1837 (2) :

« Sur beaucoup de points les réformes sont

---

(1) Rapport au Roi par M. Lainé, Ministre de l'intérieur.
(2) *Moniteur* du 21 mars 1837.

« urgentes, les aliénés sont logés dans des
« espaces sombres, étroits et humides ; l.s
« sexes sont confondus, les maladies les plus
« repoussantes et les plus honteuses sont
« reléguées dans les mêmes maisons que
« ces infortunés. Une parcimonie blâmable
« s'oppose aux améliorations les plus néces-
« saires, le service médical reste incomplet,
« faute de moyen d'y pourvoir. »

M. Vivien déclare en outre que dans plusieurs départements les aliénés sont confondus avec les prévenus, avec les criminels
même. Il cite la délibération d'un Conseil
général qui, dans la session de 1836, avait
voté des fonds pour construire, dans la maison d'arrêt d'un chef-lieu d'arrondissement,
une loge destinée aux aliénés dont on de-
mandait l'interdiction. En attendant le jugement on les enfermait provisoirement en
prison.

B. *Discussion et vote de la loi.* — On comprend sans peine qu'une réforme était absolument nécessaire. Une loi fut préparée par
le conseil d'Etat pendant l'année 1836. Elle
fut présentée à la Chambre des Députés le 6
janvier 1837 par M. de Gasparin, ministre
de l'Intérieur.

C'était un projet de loi composé de quatorze articles. Le ministre exposa à la Chambre les motifs qui rendaient nécessaire cette mesure (1).

Une commission fut nommée par la Chambre des Députés pour étudier la question (2).

Le travail de cette commission fut présenté par M. Vivien, rapporteur, le 18 mars 1837. C'était un projet de loi contenant vingt-six articles. Plusieurs séances furent consacrées à la discussion et au vote de ces articles, et l'ensemble du projet fut adopté le 7 avril 1837 par 180 voix contre 47 (3).

Dans le même mois, ce projet fut porté à la Chambre des Pairs. On nomma une commission. De concert avec le Ministre de l'intérieur, qui était alors M. le comte de Montalivet, cette commission proposa par l'organe de M. de Barthélemy certains changements. Mais la discussion ne vint qu'à la fin de la session, et cette loi ne pût être votée.

Pendant les vacances, on demanda l'avis

---

1. *Moniteur* du 7 janvier 1837.

(2) Elle était composée de MM. Fleury (Calvados), marquis de Cambis, général comte Meynadier Giraud (Drôme), comte de Laborde, Vivien, Aroux, Emmanuel, Poule, Merlin (Aveyron).

(3) Si je m'étends à dessein sur ces détails, c'est pour répondre par avance à la critique qu'on a faite à cette loi d'avoir été votée hâtivement et hors des conditions ordinaires.

des conseils généraux qui furent presque tous favorables.

De nouveau, à la rentrée, la Chambre des Pairs fut saisie du projet de loi, le 15 janvier 1838. Une nouvelle commission fut nommée, un nouveau rapport fut fait. Comme à la Chambre des Députés, plusieurs séances furent consacrées à la discussion de cette loi, qui fut votée dans son ensemble le 14 février par 104 voix contre 19.

Mais les changements introduits par les commissions de la Chambre des Pairs nécessitaient une nouvelle intervention de la Chambre des Députés. On y nomma donc une seconde commission, un second rapporteur, et comme les élections avaient changé presque entièrement la composition de la Chambre, la discussion de la loi dût être reprise article par article. Enfin cette loi fut votée par 216 voix contre 16. A la Chambre des Pairs, le vote fut unanime.

On a reproché à cette loi, comme je le disais plus haut, d'avoir été votée à la hâte. Je demanderais quelles sont les lois qui ont été plus soigneusement élaborées, et quelles formalités il faut remplir pour qu'une loi ne mérite pas cette épithète?

Deux commissions nommées à la chambre

des Députés, deux à la chambre des Pairs, deux rapports faits dans chacune de ces Assemblées, deux votes à la chambre des députés, trois à la chambre des Pairs, assurant tous cinq une majorité écrasante en faveur de cette loi ; des élections générales amenant de nouveaux députés qui votent comme les premiers, les avis favorables de presque tous les conseils généraux, voilà donc le bilan d'une loi faite à la hâte ?

On a parlé, je le sais, des députés absents pendant les discussions, votant sans avoir entendu les objections formulées par les adversaires de la loi.

Mais le projet de loi a été assez souvent discuté dans chacune des Assemblées pour que les députés aient pu se faire à ce sujet une conviction qu'on ne peut mettre en doute. Ce n'est pas seulement à eux qu'on s'est adressé, c'est à l'opinion publique qui réclamait une loi sur cette matière, et sinon comme députés, du moins comme citoyens, ils ont eu le temps et les moyens de la discuter.

§ II. *Des établissements d'aliénés.*

A. *De l'existence de ces établissements et de leurs rapports avec l'autorité publique.* — La loi de 1838 met à la charge des départements le traitement des aliénés ; en conséquence chaque département est tenu d'avoir un établissement public spécialement destiné à recevoir les aliénés.

Cependant il peut traiter avec un établissement public ou privé pour y faire soigner ses aliénés.

Dans ce cas les traités doivent être approuvés par le ministre de l'intérieur.

1° *Des établissements publics.* — Les établissements publics sont placés sous la surveillance immédiate de l'autorité publique. Leurs réglements sont soumis à l'approbation du ministre de l'intérieur (1).

Un directeur responsable, nommé par ce ministre, est à la tête de ces établissements. Il est choisi sur une liste de trois candidats présentés par le préfet, ou parmi les directeurs ayant déjà exercé leurs fonctions pendant trois ans.

---

(1) Circulaire et règlement du 20 mars 1857.

Il est assisté d'un conseil de surveillance. C'est une commission gratuite de cinq membres nommés par le préfet. Ces membres de la commission sont renouvelés chaque année par cinquième. Il ne peuvent être révoqués que par le ministre.

Pour soigner les aliénés, il y a des médecins. Ils étaient nommés autrefois par le ministre, ils sont nommés maintenant par le préfet. Enfin dans chaque établissement il y a un aumônier nommé par l'évêque sur une liste de trois candidats.

La commission administrative n'a qu'une mission purement consultative, elle ne donne que des avis, encore ne sont-ils pas exigés comme conditions indispensables des actes de gestion. Ces avis portent sur le régime intérieur, sur les comptes qui sont produits, enfin sur tous les actes d'administration des biens de l'asile, et sur les procès qui pourraient survenir à ce sujet (1).

Le directeur est chargé sous sa responsabilité de toute l'administration intérieure (2). Mais il est un point qui n'est pas éclairci par les textes.

(1 Art. 4, ordonnance du 18 décembre 1839.
(2) Art. 6, même ordonnance.

Le directeur représente-t-il l'asile d'aliénés soit en contractant, soit en plaidant ?

Toute la question est de savoir si l'asile est une personne civile ou s'il n'est qu'un établissement départemental.

Comme c'est une charge *imposée* au département, nous pensons qu'en l'absence de texte, on doit considérer l'asile comme un établissement du département.

2° *Des établissements privés*. — Pour fonder un établissement privé d'aliénés il faut l'autorisation du gouvernement (art. 5 de la loi de 1838.)

Cette autorisation était donnée autrefois par une ordonnance du gouvernement, mais depuis le décret du 25 mars 1872 elle est donnée par le préfet du département où l'établissement se trouve situé.

Celui qui veut fonder un établissement privé doit jouir d'une moralité parfaite. Il doit être médecin ou tout au moins avoir l'engagement d'un médecin pour le service médical.

L'établissement doit être établi dans certaines conditions de salubrité, et de dispositions intérieures qui sont mentionnées dans l'Ordonnance du 8 décembre 1839 :

C'est ainsi que les sexes doivent être séparés, les enfants ne doivent pas être mis avec les personnes d'un âge mûr. On doit séparer aussi les malades paisibles et les malades agités, les convalescents doivent être mis à part.

Le directeur doit verser un cautionnement qui serait affecté aux soins des malades si le service de l'établissement venait à manquer.

La demande faite au préfet de fonder un établissement privé d'aliénés, et l'autorisation qui est accordée indiquent le nombre des pensionnaires. Ce nombre ne peut être dépassé sans autorisation nouvelle.

Le directeur et le médecin chargé du service médical, si le directeur n'est pas médecin doivent résider dans l'établissement.

L'autorisation n'est pas donnée pour un temps déterminé comme en Angleterre, elle subsiste jusqu'à ce qu'elle soit révoquée.

Elle peut l'être dans certains cas énoncés par l'Ordonnance du 18 décembre 1839 :

Quand on a employé à l'égard des aliénés des traitements contraires à l'humanité.

Si le directeur est privé de ses droits civiques.

S'il reçoit un nombre de pensionnaires supérieur à celui fixé dans l'autorisation, et d'une façon plus générale toutes les fois qu'il a contrevenu aux conditions formulées dans l'autorisation qui lui a été délivrée.

Pour prononcer le retrait, il faut avoir ordonné une enquête, et il faut que le directeur y ait été entendu.

Outre le retrait, le directeur peut être, à raison des infractions au règlement, poursuivi devant les tribunaux correctionnels, et condamné à la prison de cinq jours à un an, et à l'amende de 50 à 3000 francs (1).

Contrôle de ces établissements. — Une grave question est celle du contrôle des établissements d'aliénés. On en parle beaucoup aujourd'hui, on réclame des réformes, nous verrons plus loin si ces réclamations sont fondées.

Le projet du gouvernement donnait le droit de visite au préfet, à ses délégues, au président du tribunal civil, et au procureur du Roi. Des conseils généraux alors qu'ils furent consultés émirent la crainte que la surveillance fut *trop partagée* pour être efficace.

Lors de la discussion de la loi, M. de Montalembert se plaça à un tout autre point

____

(1) Loi du 30 juin 1858, art. 6 et 41. — Ordonnance du 18 décembre 1839, art. 17 et 33.

de vue bien différent de celui sous lequel on
examine la question de nos jours :

« Je trouve, disait-il, dans cette loi, dont
« j'apprécie autant la pensée fondamentale
« que la plupart des détails, *d'excellentes*
« *garanties pour la liberté individuelle*, ainsi
« que pour la sécurité publique ; mais je
« n'en trouve pas pour un objet presqu'aussi
« important qui est *l'honneur des familles*.
« Cet honneur dépend principalement du
« secret qui sera gardé dans les cas où une
« guérison est possible ou probable de la
« maladie qui a affligé un des membres
« d'une famille (1) ».

Malgré ces objections l'art. 4 fut voté.
Donc le préfet et ses délégués ainsi que ceux
du ministre de l'intérieur, le président du
tribunal civil, le procureur de la République,
le juge de paix et le maire de la commune
sont chargés de visiter les établissements
publics et privés des aliénés. Dans leurs
visites ils écoutent les réclamations et pren-
nent tous les renseignements propres à les
éclairer.

Le procureur de la République de l'arrondissement fait une visite au moins une fois

______

(1) *Moniteur* du 9 février 1838.

par trimestre et à des jours indéterminés dans les établissements privés d'aliénés.

Quant aux établissements publics, il doit y faire une visite au moins par semestre.

On doit lui communiquer les registres qui contiennent les renseignements sur les fous, et en terminant la visite il doit y apposer son visa, sa signature et ses observations, s'il y a lieu.

Le ministre de l'intérieur, après le vote de la loi, nomma comme son délégué, un inspecteur général des aliénés.

Jusqu'en 1848 il n'y eut que ce délégué qui dût visiter tous les établissements publics et privés. Un arrêté du 25 novembre 1848 créa un second inspecteur général. Après divers changements on en vint à instituer deux inspecteurs généraux de première classe, et deux inspecteurs généraux de seconde classe.

Le grand reproche qu'on peut faire à cette institution de délégués du ministre, c'est de ne leur avoir attribué que des droits très-restreints.

C'est ainsi qu'ils n'agissent pas en vertu d'un droit qui leur est propre. Il leur faut une délégation spéciale du ministre sans laquelle ils ne pourraient entrer dans les établissements.

Ils ne peuvent faire leur visite au jour qu'ils jugent convenable, mais ils sont obligés de commencer leurs tournées tous les ans à la même époque (le 1er mai).

En faisant remarquer le vice de cette mesure, ce n'est pas la loi que j'attaque, mais le règlement, e décret qui a constitué d'une façon fâcheuse leurs pouvoirs.

Les inspecteurs peuvent être encore réunis en conseil pour donner leur avis sur les projets d'établissements d'aliénés soumis au ministre.

B. *De l'admission des aliénés, de leur condition juridique pendant le traitement, de leur sortie.* — La loi du 30 juin 1838 au point de vue de l'admission ou du placement divise les aliénés en deux classes :

1º Les fous furieux dont l'état compromet l'ordre public et la sûreté des personnes.

2º Les fous paisibles.

On distingue ainsi deux sortes de placements.

Les placements forcés.

Les placements volontaires.

1º *Des placements forcés.* — A Paris le préfet de police, dans les départements les préfets ordonnent d'office le placement dans un établissement d'aliénés de toute personne interdite ou non interdite, dont l'état d'aliénation mentale compromettrait l'ordre public ou la sûreté des personnes.

L'art. 18 exige que les ordres des préfets soient motivés, et énoncent les causes qui ont rendu nécessaires ces placements.

En cas de danger imminent attesté par le certificat d'un médecin et par la notoriété publique, les commissaires de police à Paris et les maires dans les autres communes ordonneront à l'égard des personnes atteintes d'aliénation mentale toutes les mesures provisoires nécessaires à la charge d'en référer dans les vingt-quatre heures au préfet qui statuera sans délai (art. 19).

On comprend que si le préfet a le droit de placer d'office des personnes dans un établissement d'aliénés, il a celui de s'opposer à la sortie de celles dont le placement a été même volontaire. Si le médecin de l'établissement est d'avis que l'état mental du malade pourrait compromettre l'ordre public ou la sûreté des personnes, il en sera donné préalablement connaissance au maire qui pourra ordonner immédiatement un sursis provisoire à la sortie, à la charge d'en référer dans les vingt-quatre heures **au** préfet.

On peut donc formuler cette règle générale :

Une personne est placée ou retenue d'office dans un établissement d'aliénés toutes les fois que son état mental pourrait compromettre l'ordre et la sûreté publiques.

Il est certain qu'il y a là une question de fait, et qu'il est impossible de tracer à ce sujet des règles fixes :

Il est rendu compte au ministre de l'intérieur de l'état des personnes placées d'office. Ces comptes rendus n'ont pas toujours été faits de la même façon.

En 1838 ils étaient individuels, en 1843 on les remplaça par des rapports collectifs faits le 10, le 20, le 30 de chaque mois. Depuis 1847 on n'envoie plus que des rapports semestriels.

Les directeurs des établissements, où se trouvent des aliénés placés d'office sont tenus d'adresser au préfet, dans le premier mois de chaque semestre un rapport rédigé par le médecin de l'établissement. Ce rapport doit contenir : L'etat de chaque personne, la nature de la maladie, les résultats du traitement. Le préfet prend alors une décision à l'égard de chacun des aliénés, et cette décision est notifiée au directeur de l'établissement, au procureur général et au maire.

2° *Des placements volontaires.* — Ces placements ont lieu pour tous les fous interdits ou non; ils sont faits à la requête des particuliers.

Ces personnes peuvent, si l'aliéné n'est pas dangereux, et si elles le préfèrent, soigner le fou à domicile. Nous parlerons de cette faculté laissée aux personnes qui vivent avec le fou, quand nous traiterons des critiques adressées à la loi; nous nous bornerons à dire maintenant que cette mesure peut donner lieu à des séquestrations, mais aussi pour les empêcher il faudrait se livrer à une véritable inquisition.

Toute personne peut demander l'admission d'un fou dans un établissement d'aliénés, mais il faut que cette personne établisse la *nature des relations* qui existent entre le fou et elle. On pourra voir ainsi quels sont les motifs qui déterminent cette personne à agir de la sorte.

Les conditions requises sont les suivantes :

1º Etablir son individualité ainsi que celle de la personne qu'on veut faire placer.

2º Faire constater l'état mental de l'aliéné par un médecin qui donnera un certificat à ce sujet.

On s'est demandé si l'aliéné dans un intervalle lucide ne pourrait pas provoquer lui-même son admission.

Mais on a répondu que la loi de 1838 supposait toujours deux personnes e : présence.

Celui qu'on veut placer, et celui qui provoque le placement.

De plus nous avons déjà vu qu'on ne pouvait provoquer son interdiction.

Malgré ces raisons, certains auteurs ont pensé que comme il s'agit surtout ici du traitement d'une maladie, on ne pouvait pas refuser le droit de demander sa guérison.

Placement des aliénés indigents. — Il est une question toute spéciale dont la loi de 1838 a fort peu parlé : c'est le placement des aliénés indignts.

Chaque département doit à défaut de ressources des aliénés pourvoir à leur entretien sur le produit des impôts affectés aux dépenses ordinaires. La commune du *domicile de secours* de l'aliéné, doit y contribuer dans les proportions proposées par le conseil général sur l'avis du préfet et approuvée par le Gouvernement (articles 27 et 28 (I).

Comme on le voit ces dispositions ne donnent pas beaucoup de détails. Des circulaires ministérielles sont venues régler ce point.

Une circulaire du 5 août 1839, établit que la loi des aliénés n'est pas seulement une loi de police, mais encore une loi de bienfaisance, et que si les indigents peuvent se faire soigner dans les hôpitaux pour toutes les maladies, il serait injuste de leur refuser un traitement pour la plus cruelle de toutes les maladies.

Elle conclut en ordonnant de laisser des places dans les établissemeuts publics :

Pour les aliénés dangereux ;

Pour les aliénés non dangereux qui peuvent guérir ;

---

(1) L'art. 28 contient *in fine* une disposition transitoire. Quand la loi de 1838 fut promulguée, des établissements privés spéciaux soignaient les aliénés de plusieurs départements. On décida que les aliénés continueraient à être soignés par ces établissements, mais comme ils faisaient ce qui était à la charge du département, une indemnité proportionnée au nombre des aliénés leur fut allouée. En cas de contestation, le conseil de préfecture était appelé à juger.

Cette disposition s'appliquerait encore, s'il se trouvait des aliénés dont le placement fût antérieur à la loi des aliénés

Enfin, pour les aliénés dont la position malheureuse appelle les secours publics.

3º *De la condition juridique des aliénés pendant leur traitement.* — L'aliéné placé dans un établissement public ou privé, subit une modification dans sa condition juridique. Comme il ne peut gérer sa fortune, la loi de 1838 a établi un certain nombre de dispositions pour obvier à cet inconvénient.

Ces dispositions ne peuvent s'appliquer à l'interdit, car on a déjà pris le soin de lui nommer un tuteur. On peut en dire autant à l'égard du mineur non émancipé, car lui aussi est pourvu d'un tuteur.

Ces dispositions s'appliquent donc aux personnes qui n'ont pas de tuteur.

Nous distinguerons ici les aliénés placés dans des établissements publics et ceux placés dans des établissements privés.

I. L'art 31 confère les fonctions d'administrateur provisoire, de la personne et des biens de l'aliéné à la Commission administrative de l'établissement public d'aliénés. Cette Commission désigne un de ces membres pour remplir les fonctions.

Il devra procéder au recouvrement des sommes dûes à la personne placée dans l'établissement, et à l'acquittement de ses dettes, passera les baux qui ne pourront excéder trois années, et pourra, en vertu d'une autorisation spéciale accordée par le président du Tribunal, faire vendre le mobilier.

Les sommes, qui proviendront de ses différents actes, seront versées directement dans la caisse de l'établissement.

Les biens de l'administrateur provisoire ne seront soumis à aucune hypothèque légale.

Les commissions administratives ne sont pas forcées d'accepter cette administration des biens de l'aliéné, elles peuvent demander à en être déchargées.

La famille de l'aliéné de son côté, a le droit de faire nommer un administrateur judiciaire.

II. C'est encore un administrateur judiciaire qu'il faudra demander quand la personne sera placée dans un asile privé d'aliénés.

M. Portalis, à la Chambre des Pairs, avait demandé un amendement ainsi conçu :

« Cette nomination devra être faite dans
« les trois mois qui suivront l'entrée de l'a-
« liéné dans l'établissement. »

Cet amendement ne fut pas admis. En effet, il serait ridicule de nommer un administrateur judiciaire a qui n'a pas de biens, et la famille, le ministère public au besoin sauront bien en faire nommer un, à la personne qui a de la fortune.

On s'est demandé s'il y avait lieu de nommer un administrateur judiciaire, quand le fou avait donné à un tiers sa procuration à l'effet d'administrer ses biens. On a fait un raisonnement d'analogie, en comparant la situation du fou à celle du présumé absent, qui a laissé un fondé de pouvoirs et on a rappelé pour justifier ce rapprochement les paroles de M. Vivien, rapporteur du projet de loi.

Dans son discours à la Chambre des députés, il assimilait en effet, l'aliéné séquestré, mais non interdit à un absent et déclarait qu'il y avait entre eux une grande analogie.

On ajoute de plus, que ce mandat ne peut être révoqué que par l'interdiction, et que la loi de 1838 ne prononce pas d'incapacité proprement dite contre la personne placée dans un établissement.

On a répondu à cette théorie, que la présence du mandataire pouvait suffire il est

vrai dans les premiers temps, mais que
c'était aller beaucoup trop loin, que de
confier pour une période de temps indé-
terminée, l'administration des biens au
mandataire.

L'article 32 de la loi de 1838, nomme les
personnes qui peuvent provoquer la nomination de l'administrateur provisoire.

Ce sont les parents, l'époux ou l'épouse,
la Commission administrative des établissements publics d'aliénés. Le procureur de
la République peut aussi la provoquer d'office.

Le Tribunal qui nomme cet administrateur, est celui du lieu du domicile de l'a-
liéné. Après une délibération du conseil de
famille, le Tribunal sur les conclusions du
ministère public, nomme l'administrateur
en chambre du conseil.

Comme garantie de la bonne gestion de
l'administrateur le jugement qui le nomme,
pourra constituer une hypothèque sur les
biens au profit de l'aliéné.

Cette hypothèque de forme particulière
est mentionnée dans l'article 34, deuxième
partie :

« Sur la demande des parties intéres-
« sées, ou sur celle du procureur de la Ré-

« publique, le jugement qui nommera l'ad-
« ministrateur provisoire, pourra en même
« temps constituer sur ces biens, une hypo-
« thèque générale ou spéciale jusqu'à con-
« currence d'une somme déterminée par
« ledit jugement.

« Le procureur de la République devra
« dans le délai de quinzaine, faire inscrire
« cette hypothèque au bureau de la conser-
« vation, elle ne datera que du jour de
« l'inscription. »

Cette hypothèque est comme on le voit
d'une nature toute particulière. Elle tient à
la fois de l'hypothèque légale et l'hypothèque judiciaire, et le tribunal peut sauve-
garder les droits de l'aliéné, sans nuire à
ceux de son administrateur,

*Des pouvoirs de l'administrateur judi-
ciaire.* — A part deux hypothèses, la loi du
30 juin 1838, ne détermine pas les pouvoirs
de l'admin strateur judiciaire, elle renvoie
pour cela à l'article 497 du Code civil, parle
de l'administrateur provisoire.

Mais nous ferons remarquer que la situation n'est pas la même, et qu'un aliéné peut
rester toute sa vie dans un établissement.
En conséquence, il faudrait des pouvoirs
plus étendus à son administrateur.

Voici du reste les deux hypothèses prévues par la loi :

1º Quand il s'agit de plaider au nom de l'aliéné, soit comme demandeur, soit comme défenseur (article 33).

2º Quand il s'agit de le représenter dans les comptes, liquidations et partages.

Le Tribunal, sur la demande de l'administrateur provisoire, ou à la diligence du procureur de la République, désigne un mandataire spécial à l'effet de représenter en justice l'aliéné placé dans un établissement.

L'article 27 de la loi du 30 juin 1833, contient une exception à cette règle.

Cet article s'occupe des dépenses des aliénés, et dit qu'elles seront à leur charge, ou à celle de ceux auxquels il peut être demandé des aliments aux termes de l'article 205 et suivants du Code civil (1).

Dans le cas où il y aurait contestation sur l'obligation de fournir des aliments ou sur leur quotité, il est statué par le tribunal compétent à la diligence de l'administrateur.

---

(1) Ce sont les descendants, les ascendants, les gendres belles-filles, beau-père, belle-mère. Cependant pour les alliés cette obligation cesse lorsque la belle-mère se remarie, ou lorsque le conjoint qui produisait l'affinité, et les conjoints de ce mariage sont décédés.

On s'est demandé pourquoi la loi n'avait pas établi comme règle générale cette exception. Il est certain qu'il y a là une complication inutile.

Pour les inventaires; comptes, liquidations et partages l'administrateur a qualité pour représenter l'aliéné, puisque l'article 33 déclare que ce n'est qu'à défaut d'administrateur, que le président, à la requête de la partie la plus diligente. commettra un notaire pour représenter les aliénés dans les inventaires, comptes, liquidations et partages.

L'administrateur provisoire ne peut faire que les actes d'administration, tous les autres actes lui sont interdits. S'il est nécessaire de faire une vente, d'hypothéquer, par exemple, il faudra recourir à l'interdiction judiciaire.

Enfin, si les tiers avaient des significations à faire à la personne placée dans un établissement d'aliénés, c'est à l'administrateur provisoire, qu'ils devraient les adresser. (Article 35.)

Si elles étaient faites au domicile, elles pourraient suivant les circonstances être annulées par les tribunaux.

Il y a une exception à cette règle. Elle est ainsi formulée : Il n'est pas dérogé aux dispositions de l'article 173 du Code de Commerce. Il s'agit ici du *protêt* qui doit être fait dans les vingt-quatre heures. C'est un délai trop court pour que les créanciers puissent se conformer aux prescriptions de l'article 35.

Fin des pouvoirs de l'administaateur provisoire. — Les pouvoirs de l'administrateur provisoire cessent :

1° A la sortie de la personne placée dans un établissement d'aliénés.

2° Dans tous les cas, au bout d'un délai de trois ans. Mais alors ces pouvoirs peuvent être renouvelés par jugement du tribunal. (Article 37.)

Du curateur à la personne. — Nous avons vu que les pouvoirs sur les biens étaient confiés à un administrateur. Il peut en outre être nommé un curateur à la personne du fou.

Le tribunal sur la demande des parents, sur la provocation du ministère public peut nommer ce curateur par jugement en chambre du conseil, sans appel.

Ce curateut devra veiller :

1° A ce que les revenus de l'aliéné soient employés à adoucir son sort et à hâter sa guérison.

2° A ce que ledit individu soit rendu au

libre exercice de ses droits aussitôt que sa situation le permettra.

L'article 38 ajoute encore que ce curateur ne peut être choisi parmi les héritiers présomptifs de l'aliéné.

Des actes passés par l'aliéné placé dans un établissement d'aliéné. — Quant aux actes passés par l'aliéné pendant son séjour dans un établissement de fous, ils pourront être attaqués, et l'article 39 renvoie pour l'action qui est conférée à l'article 1304 du Code Civil.

Cette action en nullité se prescrit par un délai de dix ans qui compte pour l'aliéné à partir de la signification qui lui est faite ou de la connaissance qu'il en a eue, après sa sortie définitive de l'établissement.

Ces actes ne sont pas nuls de plein droit, ils peuvent être déclarés valables, mais ce que l'article 39 ne dit pas c'est à qui doit incomber la preuve.

Est-ce au demandeur à prouver la démence est-ce au défendeur à prouver la sanité d'esprit ?

Rien dans le texte ni dans la discusion de la loi ne donne la solution à cette question. Dans ces conditions je pense que l'appréciation doit être laissée aux magistrats qui jugeront qui doit faire la preuve.

4º *De la sortie des aliénés des établissements publics ou privés.* — Nous avons examiné comment se faisait les placements d'aliénés, et quelle était la condition juridique de ces personnes, il ne nous reste plus qu'à parler de la sortie des aliénés des établissements publics ou privés.

Cette sortie peut avoir lieu :

1º Par ordre de l'autorité administrative,

2º Par ordre de l'autorité judiciaire,

3º Sur une demande formée par des particuliers.

I. *Par ordre de l'autorité administrative.* — L'article 13 dit que le préfet peut toujours ordonner la sortie immédiate des personnes placées dans les établissements d'aliénés, et c'est pour cela que l'article 20 exige des chefs, directeurs ou préposés responsables de faire parvenir au préfet, à des époques déterminées, des rapports constatant l'état de la santé des personnes retenues dans leurs établissements, et que l'article 9 exige que le préfet soit averti de tout placement volontaire dans un bref délai.

II. *Par ordre de l'autorité judiciaire.* — L'article 29 règle cette matière :

« Toute personne placée ou retenue dans
« un établissement d'aliénés, son tuteur, si
« elle est mineure, son curateur, tout parent
« ou ami pourront à quelque époque que ce
« soit se pourvoir devant le tribunal du lieu
« de la situation de l'établissement qui,
« après les vérifications nécessaires, ordon-
« nera. s'il y a lieu, la sortie immédiate.

« Les personnes qui auront demandé le
« placement et le Procureur du Roi, d'office,
« pourront se pourvoir aux mêmes fins.

« Dans le cas d'interdiction, cette demande
« ne pourra être formée que par le tuteur de
« l'interdit.

« La décision sera rendue sur simple
« requête en chambre du Conseil et sans dé-
« lai, elle ne sera pas motivée.

« La requête, le jugement et les autres
« actes auxquels la réclamation pourrait don-
« ner lieu, seront visés pour timbre et enre-
« gistrés en débet.

« Aucunes requêtes, aucunes réclamations
« adressées soit à l'autorité judiciaire soit à
« l'autorité administrative ne pourront être
« supprimées ou retenues par les chefs d'éta-

« blissement sous les peines portées au
« titre III, ci-après (1). »

III. *Sur une demande formée par des particuliers.* — Il ne s'agit ici que des aliénés
placés *volontairement.*

Les personnes qui peuvent former cette
demande sont :

Les médecins de l'établissement quand ils
ont déclaré sur le registre que la guérison
est obtenue, (art. 13).

Le curateur dont nous avons déjà parlé,
Le conjoint.

S'il n'y a pas de conjoint les ascendants,
A défaut d'ascendants les descendants.

La personne qui a signé la demande d'admission à moins qu'un parent n'ait déclaré
s'opposer à ce qu'elle use de cette faculté sans
l'assentiment du conseil de famille.

Toute personne à ce autorisée par le conseil de famille (art. 14).

Dans le cas de dissentiment entre ces différentes personnes, le conseil de famille prononcera.

Ces personnes peuvent faire cette demande

---

(1) La sanction de cette disposition est en cas où elle ne
serait pas observée, la peine d'un emprisonnement de cinq
jours à un an, et d'une amende de cinquante à trois mille
francs ou de l'une ou l'autre de ces deux peines.

avant que les médecins n'aient constaté la guérison. Si non-seulement l'aliéné n'était pas guéri, mais encore si sa sortie pouvait compromettre l'ordre public et la sûreté des personnes, le médecin pourra donner connaissance de l'état mental du fou au maire, qui ordonnera un sursis provisoire pour en conférer avec le préfet dans les vingt-quatre heures. Ce sursis provisoire ne peut être prolongé au delà du délai de quinze jours, et sera transcrit sur le registre.

§ III. *Critiques de la loi du* 30 *juin* 1838.

Les critiques sont nombreuses. Nous ne ferons que citer les principales.

I. On a objecté la précipitation avec laquelle cette loi a été votée. On a dit que presque tous les députés étaient hors de la salle des séances. Je crois avoir déjà répondu à cette critique, lorsque j'ai parlé de la discussion et du vote de cette loi.

II. On a soutenu que cette loi était inutile et que la seule amélioration était de la supprimer et de replacer les aliénés dans le droit commun.

Un auteur qui a spécialement traité cette matière me fournit la réfutation de cette doctrine :

« Pour reconnaître que les lois qui con-
« cernent les aliénés ont été pour eux un
« bienfait, il suffit de se rappeler quel était
« leur sort, non-seulement en France, mais
« dans tous les pays les plus civilisés, avant
« qu'ils fussent légalement protégés. Si ces
« lois étaient supprimées on verrait bientôt
« reparaître les abus révoltants, *dont on a*
« *trop peut-être perdu le souvenir* (1). »

III. Lors de la discussion de la loi M. Cale-mard-Lafayette, voulait que ce fût l'Etat et non le département qui se chargeât de la création et de l'entretien des établissements. Le motif qu'il donnait était que les ressources des départements étaient insuffisantes. Je crois que l'expérience a répondu à cette critique, et je n'insiste pas davantage.

IV. Mais la critique la plus sérieuse, si on considère la multiplicité des attaques qu'elle a fait naître, est celle qui se résume par ces mots :

La loi de 1838 est une violation de la liberté

---

(1) Bertrand, loi sur les aliénés.

individuelle, elle produit des séquestrations arbitraires.

M. Isambert, pendant la discussion de cette loi, avait déjà dit que c'était un moyen de faire revivre les lettres de cachet (1).

Cette critique affecte mille formes diverses: On parle des séquestrations arbitraires, du manque de contrôle de la part des citoyens, de l'omnipotence du médecin, de l'intervention de l'autorité administrative, de l'absence d'intervention de l'autorité judiciaire, de la barbarie avec laquelle on jette les gens présumés atteints de folie parmi les fous, ce qui est suffisant pour les rendre fous quand ils ne le sont pas.

Pour les séquestrations c'est faire injure aux directeurs des établissements, au médecin qui donne le certificat, à l'inspecteur chargé de contrôler, aux substituts chargés de visiter, au préfet qui reçoit les rapports, et cela gratuitement, car on cite peu de cas de séquestration arbitraire. Encore la plupart de ces faits tiennent à la politique, ce qui nous empêche de les discuter.

Dans ces dernières années un sieur T...., intenté une demande en dommages et inté-

---

(1) *Moniteur* du 4 avril 1837.

rêts motivée par une séquestration arbitraire
dont il avait été, disait-il, la victime. Les
débats ont démontré qu'il avait été arrêté,
pour des faits graves, et il eût été condamné
pour ces faits si on ne l'avait considéré
comme fou (1).

Comme moyen de contrôle on a voulu or-
ganiser un jury mais on est obligé d'admettre que ce serait fort difficile et qu'il n'y
a guère qu'à Paris où on pourrait en se ser-
vant du jury de la cour d'assises, arriver à
ce but.

Outre de la difficulté de constituer dans
chaque département un jury permanent, je
rappellerait les paroles de M. de Montalembert, que j'ai déjà citées. Ce serait éloigner
les familles de placer les aliénés dans les établissements, et multiplier les cas de séquestration domestique. Ce serait rendre impossible l'application de la loi elle-même.

L'absence d'intervention de l'autorité judiciaire ? Mais les visites des procureurs de
la République. Il est vrai que dans les placements d'office l'autorité administrative intervient, et on critique cette disposition.

Voici la réponse à cette critique : Si on

____

(1) *Gazette des Tribunaux*, avril 1870.

substitue à la personne du préfet la personne du président du tribunal, on n'aura fait que mettre une personne à la place d'une autre, et on aura supprimé le contrôle du président du tribunal.

Enfin la critique sur la barbarie avec laquelle on jette les gens présumés fous au milieu des aliénés, a déjà été réfutée lors de la discussion de la loi.

En effet, M. de Larochefoucauld avait proposé un amendement ainsi conçu :

« Il sera réservé dans chaque établisse-
« ment public un quartier séparé, où seront
« déposés provisoirement les personnes dont
« l'admission aura été demandée conformé-
« ment à la disposition précédente, et où
« elles resteront jusqu'à ce que les formalités
« ordonnées par l'article suivant aient été
« accomplies, à moins que le procureur du
« roi ou le maire ne délivrent sous leur res-
« ponsabilité un certificat d'urgence pour les
« faire admettre immédiatement dans la
« maison (1). »

M. Schauemburg, membre de la commission de surveillance d'un établissement public très-important, et avec lui M. Vivien,

---

(1) *Moniteur* du 7 août 1837.

rapporteur de la loi, démontrèrent que cet amendement était inutile. Il porte, en effet, sur un point de règlement tellement usuel, que même les établissements les moins considérables ne peuvent pas ne pas l'observer. Avant d'introduire l'aliéné presumé au milieu des autres, il est nécessaire de l'étudier, et de savoir dans quelle catégorie le ranger, sous peine de causer des accidents.

CHAPITRE III.

DE L'INTERDICTION LÉGALE.

Nous diviserons ce chapitre en deux sections :

La première comprendra l'interdiction légale, telle qu'elle se trouvait primitivement dans le Code pénal et dans le Code civil. Elle n'était attachée qu'aux peines aflictive temporaires.

Dans la seconde, nous verrons les changements survenus dans la législation sur cette matière, et en particulier la loi du 31 mai 1354 qui abolit la mort civile, et la remplaça par diverses incapacités parmi lesquelles figure l'interdiction légale devenue ainsi l'accessoire des peines perpétuelles.

SECTION PREMIÈRE. •

INTERDICTION LÉGALE ATTACHÉE AUX PEINES AFFLICTIVES TEMPORAIRES.

A. *Dans quel cas l'interdiction légale a lieu.* — L'interdiction légale est la privation à titre de peine de l'exercice des droits privés.

Les cas dans lesquels elle a lieu sont énumérés dans l'art. 29 du Code pénal. Elle est encourue :

Par les condamnés aux travaux forcés à temps;

Par les condamnés à la détention ;

Par les condamnés à la réclusion.

Le principal caractère de l'interdiction légale consiste en ce qu'elle est toujours l'accessoire d'une peine principale, et les condamnations que nous venons dénoncer entraînent de plein droit sans que les juges aient besoin de la prononcer l'interdiction légale du condamné.

L'interdiction légale s'applique-t-elle aux condamnations par contumace? — Nous avons vu dans le droit intermédiaire les considérations qui avaient motivé l'interdiction légale.

C'était un moyen nécessaire pour maintenir la peine principale dans toute sa rigueur.

La conséquence à tirer des motifs donnés par l'orateur du gouvernement est que l'interdiction légale n'a lieu que quand il y a eu condamnation contradictoire. Pour le démontrer la rédaction de l'art. 29 nous vient elle-même en aide :

« Art. 29. — Quiconque aura été con-

« damné à la peine des travaux forcés à
« temps, à la détention, sera de plus, *pen-*
« *dant la durée de sa peine* en état d'inter-
« diction légale. »

Ces mots *pendant la durée de la peine* sont
très-explicites. Cependant il est des auteurs
qui ont étendu l'interdiction légale au cas
où il y avait condamnation par contumace.

Il y a en faveur du système qui prétend
que l'interdiction légale ne s'applique qu'aux
condamnations contradictoires l'argument
tiré de l'art. 471.

Il est au Code d'instruction criminelle un
chapitre relatif aux condamnés par contumace, et l'art. 471, qui s'y trouve, règle d'une
manière spéciale l'administration des biens
du contumace.

Le texte de cet art. 471 qui constitue suivant nous une dérogation à l'art. 29 est ainsi
conçu :

« Si le contumax est condamné, ses biens
« seront à partir de l'exécution de l'arrêt
« considérés et régis comme biens d'absents
« et le compte du séquestre sera rendu à qui
« il appartiendra, après que la condamnation
« sera devenue irrévocable par l'expiration
« du délai donné pour purger la contumace. »

On ne peut pas dire que l'un de ses articles abroge l'autre ou le modifie. Avant le Code pénal de 1810, ces deux articles se trouvaient dans la loi de 1791 et dans le Code de brumaire, an IV.

La preuve que ces deux articles règlent deux hypothèses différentes, c'est que le sort du condamné contradictoirement et celui du condamné par contumace, tous deux en fuite, ne sera pas le même par rapport à leurs biens.

Les biens de l'un seront régis par un tuteur nommé en vertu de l'interdiction légale, tandis que les biens de l'autre seront régis comme biens d'absents et mis sous séquestre.

Il en résultera que dans le premier cas le tuteur pourra distraire des revenus de l'interdit certaines sommes, qu'il donnera à titre d'aliments à la famille du condamné, tandis qu'il n'arrivera jamais chose semblable dans le second cas.

La raison de cette différence est bien simple :

L'interdiction légale est une peine, quand une personne a été jugée contradictoirement, elle s'est défendue et a fait valoir tout ce qu'elle pouvait dire en sa faveur ;

Mais quand une personne a été jugée par

contumace, elle a été jugée sans avoir été entendue sur des présomptions qu'elle eût pu faire tourner en sa faveur, et on peut encore supposer que cette personne n'est pas coupable.

Cela est si vrai que si le contumace se présente ou est repris avant l'expiration du délai donné pour purger sa contumace, toutes les condamnations prononcées contre lui tombent, et le procès recommence à nouveau (1).

Les partisans de l'opinion contraire prétendent que l'art. 29 ne fait pas de distinction. Quand à l'art. 471, il ne fait que pourvoir autrement à l'administration des biens. Il ne fallait pas laisser à la famille du condamné l'administration d'une fortune qu'elle eût pu faire parvenir par des moyens détournés au condamné, et c'est précisément pour donner une sanction plus grande à l'indiction légale que la loi a ordonné que les biens fussent séquestrés.

L'art. 471 est donc un argument *à fortiori* qui montre la ferme intention de la loi de prendre toutes les mesures pour que l'interdiction légale produise ses effets.

---

(1) Boitard, Demolombe, Aubry et Rau.

Rien n'empêchera d'ailleurs qu'il y ait un tuteur pour tout ce qui ne concerne pas le patrimoine (1).

Nous ne pensons pas que ce système doive prévaloir, car d'une part l'art. 29 fait une distinction formelle par ces mots *pendant la durée de la peine* et d'autre part l'art 471 ne dit pas que dans le cas qu'il règle, il y ait interdiction.

Cependant il eût été de toute urgence d'établir en ce cas les pouvoirs du tuteur. Quels sont-ils ?

Nous n'en savons rien, et si nous le recherchions, nous n'appliquerions plus la loi, nous ferions œuvre de législateur. Que la question se pose en législation, c'est différent, mais dans l'étude de la loi nous ne pouvons pas admettre une pareille interprétation.

B. *Des effets de l'interdiction.* — L'interdiction légale commence du jour où la condamnation contradictoire est irrévocable, et dure jusqu'à l'expiration de la peine.

Pour examiner les effets de cette interdiction il faut nous placer à deux points de vue différents :

---

(1) Bertaud.

Nous étudierons d'abord les incapacités qui frappent l'interdit, et ensuite la sanction de ces incapacités, c'est-à-dire les nullités qui résultent des actes que l'interdit n'avait pas le droit de faire. La difficulté dans ce cas est de déterminer par qui ces nullités peuvent être proposées.

Incapacité de l'interdit. — Il est à regretter que l'art. 29 ne se soit pas expliqué davantage sur l'interdiction légale. Aussi, il est difficile d'établir jusqu'où vont ces incapacités.

Nous avons à ce sujet parmi les auteurs trois systémes que nous allons essayer d'analyser.

Premier système. — Les effets de l'interdiction ne s'appliquent qu'à l'administration des biens. L'art. 29 n'enlève pas au condamné sa capacité pour faire les autres actes. Il pourra donc se marier, tester, aliéner et contracter des obligations.

Ce système s'appuie sur deux arguments :

Le premier est un argument historique. Il rappelle les dispositions du Code pénal de 1791. L'art 2 du titre IV déclarait que le condamné ne pouvait pendant la durée de sa peine exercer aucun droit civil.

Ces termes si nets, si precis n'ont pas été

reproduits par l'art. 29 du Code pénal, et ce
n'est pas un oubli, l'art. 28 du Code civil qui
règle l'hypothèse des condamnés par contumace est plus explicite, il parle de privation
de l'exercice des droits civils, tandis que
l'art. 29 du Code pénal ne parle que de la
gestion et l'administration des biens.

Donc, s'il n'est pas parlé de l'exercice des
droits civils dans l'art. 29, c'est qu'on n'a pas
voulu que les condamnés en fussent privés,
quisqu'on a changé le texte de l'article cor-
responnant du Code pénal de 1791.

Le second argument consiste dans le développement de ce principe : Les dispositions du
Code pénal sont de droit étroit, et il n'est pas
permis en les étendant d'aggraver la peine
du condamné.

Or, le but de l'article 29 du Code pénal a
été d'une part de pourvoir a l'administration
des biens laissés en souffrance par la détention de leur propriétaire, d'autre part d'empêcher le condamné de recevoir de l'argent.
Mais l'article 28 n'a pas qualité pour prononcer des déchéances de *droits*. Ces déchéances
sont traitées dans l'article 28 du même
Code (1).

---

(1) MM Chauveau et Faustin-Hélie. Théorie du Code Pénal, Toullier.

Je dois ajouter que la jurisprudence est généralement contraire à cette doctrine. C'est ainsi qu'un arrêt de la Cour de Cassation en date du 25 janvier 1825 déclare que l'interdit légal est incapable d'aliéner tout comme l'aliéné pour cause de démence. Il a été jugé également qu'il ne pouvait vendre le manuscrit de ses mémoires. Cette vente étant nulle ne donne pas le droit de poursuivre les contrefacteurs.

2e *Système*. — On distingue ici les aliénations, le testament et certains droits personnels qui ne sauraient être exercés par autrui.

On admet l'incapacité pour les aliénations mais on permet au condamné de faire les autres actes.

Pour arriver à cette solution on assimile l'interdit légal à l'interdit judiciaire, puis on fait remarquer que ce n'est pas par effet du jugement d'interdiction que l'aliéné ne peut pas tester par exemple, c'est par suite de son manque de volonté. Or le fou peut se marier, peut tester dans un intervalle lucide.

Mais en supposant même que le fou ne le puisse pas, on prétend que tel n'a pas été l'esprit de la loi, et ici on se rapproche de la première opinion.

L'interdiction de ces droits personnels

constituerait une interdiction toute spéciale, toute différente dans sa cause et dans son but de l'interdiction ordinaire. Que l'interdiction s'applique aux dispositions entre vifs concernant le patrimoine de l'interdit, rien de mieux, car sans cela il n'y aurait plus d'administration de biens possible, et le but essentiel de la loi qui est d'empêcher l'aliéné de se créer des ressources ne serait pas atteint, mais le testament et le mariage ont un titre et des articles spéciaux au code, et il n'y est nullement fait mention de l'incapacité de l'interdit (1).

3e *Système*. — Le condamné est privé de l'exercice de tous les droits civils. L'interdiction légale suit absolument les mêmes règles que l'interdiction judiciaire, et du reste l'article 29 qui fait le sujet de notre discussion y renvoie.

Au fond il n'existe qu'une seule interdiction, qu'on appelle Légale quand il s'agit d'un condamné; Judiciaire quand il s'agit d'un fou.

Leur cause est différente. l'une est l'accessoire légal et forcé d'une peine; l'autre naît

______

(1) M. Demolombe, Rouen, 28 Décembre 1822. — Nîmes, 16 juin 1835.

d'un Jugement qui a permis dans sa procédure d'apprécier l'état mental du fou, mais
la première a été calquée sur la seconde.

En effet c'est ce qui ressort des discours
et des discussions qui ont eu lieu lors du vote
de cette loi en 1791 ; or, l'article 502 dit que
tous les actes sont nuls de droit, en présence
de cet article, et de l'article 29 qui y renvoie
il faut donc conclure que l'incapacité de l'interdit légal comme de l'interdit judiciaire
est générale (1).

La solution se trouve suivant nous dans
les derniers mots de l'article 29. Ce renvoi à
l'interdiction judiciaire comprend-il tout le
système des incapacités de cette interdiction,
ou s'applique-t-il seulement aux nominations
des tuteur et subrogé-tuteur.

« Il lui sera nommé un tuteur et un su-
« brogé tuteur pour gérer et administrer ses
« biens, *dans les formes prescrites pour les*
« *nominations des tuteur et subrogé-tuteur*
« *aux interdits.* »

Il y a ici deux membres de phrase.

Le premier qui parle de la gestion et de
l'administration des biens, le second qui ren-

____

(1) MM. Duranton, Boitard, Bertaud.

voie pour la nomination des tuteurs et subrogé-tuteur à l'interdiction judiciaire.

En conséquence, je dirai avec le premier
système que les effets de l'interdiction ne se
rapportent qu'à l'administration des biens.

De la nullité des actes passé par l'interdit.—
Qui peut proposer ces nullités ? Sont-elles
absolues sont-elles relatives ?

Si l'interdit seul pouvait les proposer,
comme dans le cas d'interdiction judiciaire
en vertu de l'art. 1125 l'interdiction légale
deviendrait comme l'iuterdiction judiciaire
une mesure de protection pour le condamné
qui n'en a pas besoin attendu qu'il n'est
pas fou et qu'il tirerait avantage de sa condamnation.

Si les tiers étaient seuls admis à demander
la nullité, les tiers contracteraient avec l'inté-
dit dans des conditions tellement avantageu-
ses pour eux qu'on peut-être sûr que jamais
ils ne demanderaient la nullité.

Presque tous les auteurs sont d'accord
pour considérer cette nullité comme une
nullité d'intérêt social, et pour qu'elle soit
efficace, il faut qu'elle soit opposable par
tout le monde (1).

---

(1) MM. Demolombe, Demante, Aubry et Rau, Bertaud.

Pouvoirs du tuteur. — Les pouvoirs du tuteur de l'interdit légal sont les mêmes à peu près que ceux du tuteur de l'interdit judiciaire. La tutelle en général sera dative, sauf le cas de l'art. 506, qui établit une tutelle légitime au profit du mari sur les biens de sa femme.

En vertu de l'art. 508, l'interdit ne peut être tenu de garder pendant plus de dix ans la tutelle de l'interdit.

Signalons une différence : Dans l interdiction judiciaire, l'art. 510 déclare que les revenus de l'interdit doivent être destinés à adoucir son sort et à accélérer sa guérison. On comprend sans peine qu'il ne saurait être question de pareille chose ici, et l'article 31 du Code pénal défend absolument au tuteur de remettre la moindre somme au condamné pendant toute la durée de sa peine.

G. Fin de l'interdiction légale. — L'interdiction cesse avec la peine principale dont elle est l'accessoire.

Quand la peine est prescrite, le condamné, condamné contradictoirement, qui s'évade, prescrit sa peine par un laps de temps de vingt ans; dès qu'il y a prescription de la peine principale, l'interdiction légale cesse.

Quand l'amnistie et la grâce font cesser la peine principale, l'interdiction cesse également.

Enfin l'interdiction légale cesse dans les cas où il y a révision. Ce qui a lieu quand on ne peut concilier deux arrêts qui condamnent chacun une personne comme le même auteur d'un crime, quand un accusé ayant été condamné pour homicide, on acquiert la preuve que la personne qu'on croyait tuée par l'accusé est encore en vie, enfin, lorsque plusieurs témoins, dont les dépositions avaient fait condamner un accusé, ont été condamnés pour faux témoignages.

SECTION DEUXIÈME.

DE L'INTERDICTION LÉGALE ATTACHÉE AUX PEINES AFFLICTIVES PERPÉTUELLES,

A. *De la mort civile.* — La mort civile existait dans le droit romain, c'était la *capitis deminutio maxima.*

Elle existait dans notre droit français où elle était produite par trois causes :

1º Les vœux religieux pourvu que l'ordre fut approuvé par les lois du royaume.

2º L'expatriation.

3º Enfin certaines condamnations à des peines perpétuelles.

Dans le droit intermédiaire, la mort civile pour vœux religieux fut abolie par décret des 13 et 19 février 1790.

On appliqua la mort civile par suite d'expatriation aux émigrés, comme peine principale, par décret du 28 mars 1793. Mais cette mesure temporaire fut supprimée par la loi du 4 nivôse an VIII (1).

Le Code pénal de 1791 ne fait pas mention de la mort civile. Toutes les peines de droit commun étant temporaires, il ne pouvait être question de la mort civile qui est perpétuelle.

Le Code pénal de 1810 rétablit la mort civile.

Critiques et réformes demandées. — On réclama vivement son abolition. En 1831 et en 1834, deux propositions tendant à la suppression de la mort civile, furent présentées à la Chambre des députés, par MM. Taillan-

____

(1) On appliqua encore la mort civile aux prêtres déportés pour avoir refusé le serment à la constitution.

dier et Devaux. Ces propositions n'aboutirent pas.

En 1849, un rapport fut soumis à l'Assemblée nationale par un de ses membres, M. Vallon. Cette proposition bien accueillie n'eut pas de suites.

B. Loi du 8 juin 1850. — Cette loi abolit la mort civile pour les condamnés à la déportation. Désormais les déportés n'encourent plus que la dégradation civique et l'interdiction légale.

C. Loi du 31 mai 1854. — Cette loi abolit entièrement la mort civile. Elle est remplacée par la dégradation civique, l'interdiction légale, et par la double incapacité de disposer et de recevoir par donation ou par testament.

Nous ne nous occuperons que de l'interdiction légale, jusqu'alors l'autorisation légale, à part la loi du 8 juin 1850, n'avait été l'accessoire que de peines temporaires, mais à cause de son caractère, elle pouvait parfaitement être l'accessoire de peines perpétuelles. C'est ce que fit remarquer M. Demante.

Il est vrai que l'interdiction entrave la circulation des biens, et qu'on pouvait l'admettre plus facilement quand il s'agissait d'une incapacité temporaire.

Cette objection fut formulée en 1849 (1), lors du rapport que nous avons déjà cité, et fut reproduite lors de la discussion de la loi du 31 mai 1854 (2). Mais M. Demante y a répondu :

« Si, d'une part, on ne veut pas que la
« peine perpétuelle ouvre immédiatement
« la succession, et si, d'autre part, l'ordre
« public ne permet pas de laisser au con-
« damné demeuré propriétaire la libre dis-
« position de ses biens, il n'y a d'autre
« moyen que de le frapper d'incapacité, en
« d'autres termes, de l'interdire et de faire
« pourvoir à l'administration des biens par
« un mandataire légal, chargé d'assurer leur
« conservation, soit dans l'intérêt du con-
« damné lui-même si, par impossible, il
« venait à recouvrir sa capacité, soit dans
« l'intérêt des parents qui, à sa mort, de-
« viendraient ses héritiers (3). »

D'ailleurs, il me semble qu'on pourrait en dire autant de l'interdiction judiciaire qui,

---

(1) *Moniteur* du 20 décembre 1849.

(2) *Moniteur* du 4 mai 1854.

(3) *Revue critique* 1853.

parfois, est prononcée à l'égard d'un idiot qui jamais n'aura sa raison, et qui peut vivre fort longtemps. Cependant la loi a admis parfaitement l'interdiction dans ce cas.

Quand l'interdiction légale est-elle concourue ?

Dans le cas de condamnation contradictoire tous les auteurs sont d'accord, elle date du jour où la condamnation est irrévocable,

Mais la controverse recommence dans le cas ou la condamnation est par contumace.

Tous les auteurs avouent que l'exposé des motifs est en faveur du système que j'ai adopté dans la précédente section.

Dans l'opinion adverse on dit que l'article 2 de la loi de 1854 place les deux peines accessoires sur la même ligne. Or pourquoi distinguer et faire commencer la dégradation civique du jour de l'éxcution par effigie, pendant qu'on laisse en suspens l'interdiction légale.

L'article 2 ne parle ni de condamnation contradictoire, ni de condamnation par contumace. tandis que l'article 3 fait cette distinction, or si le législateur ne l'a pas faite dans l'article 2, c'est qu'il voulait qu'elle n'eût pas lieu.

Il n'est pas dificile de répondre à cette

objection, il suffit de lire l'article 2 en question :

« Les condamnés à des peines afflictives
« perpétuelles emportent la dégradation
« civique et l'interdiction légale *établies par*
« *les articles* 28, 29, 31 *du Code Pénal.* »

La dernière partie de cet article nous
ramène à la discussion de l'article 29 déjà
produite. Il est certain que par le renvoi
aux articles 28 et 29 la loi nous apprend qu'il
n'y a rien de changé au caractère de la
dégradation civique d'une part, à celui de
l'interdiction légale d'autre part. Nous ne
faisons qu'appliquer les régles de la
dégradation civique, les régles de l'interdiction légale, ces régles ne sont pas les mêmes,
et c'est ainsi que nous revenons à la discusion de l'article 29.

On nous conteste le sens que nous donnons aux mots : *pendant la durée de la
peine,* en nous citant l'article 221 du Code
civil qui emploie ces mots alors qu'il s'agit
d'une condamnation par contumace :

« Lorsque le mari est frappé d'une con-
« damnation emportant peine afflictive ou
« infamante encore qu'elle n'ait été prononcée
« que *par contumace,* la femme même

« majeure ne peut *pendant la durée de la*
« *peine* ester en jugement, etc...... »

Mais en supposant que ces mots *pendant
la durée de la peine* signifient tant que la
peine n'est pas prescrite, l'article 471 qui
régit le cas des condamnés par contumace
parle-t-il d'une interdiction quelconque?

Ne dit-il pas au contraire que les biens de
ce condamné seront considérés comme biens
d'absents, or met-on en interdiction les
absents? Le point de vue auquel se place
l'article 471 n'est-il pas tout différent ?

La preuve que lorsqu'on parle d'interdiction légale on a toujours en vue une condamnation contradictoire, se trouve dont
le texte même de l'article 3 de la loi du 8
Juin 1850. Cet article est fort long nous ne
citerons donc que la partie qui nous intéresse.

« De plus tant qu'une loi nouvelle n'aura
« pas statué sur les effets civils des peines
« perpétuelles, *les déportés* seront en état
« d'interdiction légale, conformément aux
« articles 29 et 31 du Code pénal. »

Par *déportés* on entend bien parler de
condamnés contradictoires, car jamais il ne
viendrait à l'esprit de dire qu'un condamné
par contumace est déporté.

Enfin l'article 3 de la loi de 1854 renferme lui-même un argument en faveur du système que je défends. Il y est dit que les condamnés contradictoirement encourront seuls la double incapacité de donner ou de recevoir par donation ou par testament. L'administration et la disposition des biens doivent être régies sur ce point par les mêmes régles, et il serait bizarre que le point de départ de l'une ne fût pas le point de départ de l'autre.

Il ne nous reste plus qu'à expliquer une disposition de la loi de 1854 qui a trait à la situation faite aux déportés par la loi du 8 Juin 1350.

L'article 6 de la loi du 31 Mai 1854 est ainsi conçu :

« La présente loi n'est pas applicable aux « condamnations à la déportation pour « crimes commis antérieurement à sa pro- « mulgation. »

Si on ne connaissait pas la loi du 8 Juin 1850 et si on prenait les expressions de l'article 6 à la lettre, on en arriverait à dire que les déportés ne bénéficient pas de la loi du 31 Mai 1854 mais continuent à être frappés de mort civile.

Tout autre a été la pensée du législateur. La loi du 8 Juin 1850 avait fait aux déportés en abolissant pour eux la mort civile une situation meilleure que celle accordée par la loi du 31 Mai 1854 aux condamnés à des peines perpétuelles. En effet les déportés n'étaient frappés que de l'interdiction légale et de la dégradation civique.

La loi n'a pas voulu enlever aux déportés condamnés antérieurent à la loi du 31 Mai 1854 le bénéfice dont ils jouissaient dans la loi du 8 Juin 1850. Tel a été le but de cette disposition.

POSITIONS

—

DROIT ROMAIN

I. — Le fou et le prodigue sont capables de contracter des obligations naturelles.

II. — Le curateur peut demander la *bonorum possessio decretalis* pour le *furiosus* héritier externe, dans le droit classique.

III. — La curatelle légitime existe encore à l'époque de Justinien.

IV. — Le prodigue ne peut faire adition d'hérédité sans le *consensus* de son curateur.

V. — Sous Marc-Aurèle, il n'y avait que les fous sans intervalles lucides, qui pussent se dispenser du consentement de leur père pour se marier.

VI. — Le fils de famille fou peut être adopté.

VII. — L'incapacité du prodigue résulte de la sentence d'interdiction du magistrat.

VIII. — Dans le droit de Justinien, en matière de tutelle, la folie avec intervalles lucides n'est qu'une excuse temporaire.

DROIT FRANÇAIS.

I. — Le mineur peut être interdit.

II — Les alliés ne peuvent pas demander l'interdiction de leur allié.

III. — Le jugement qui déclare qu'il n'y a pas lieu d'interdire une personne n'est pas opposable aux autres parents qui n'ont pas provoqué l'interdiction.

IV. — On ne peut pas provoquer soi-même son interdiction.

V, — Le conjoint et les enfants ont voix delibérative dans le conseil de famille quand ils n'ont pas provoqué l'interdiction.

VI. — La femme de l'interdit a pour domicile celui du tuteur de son mari.

VII. — L'interdit judiciaire peut se marier, reconnaître un enfant naturel, tester, faire même une donation dans un intervalle lucide.

VIII. — Le tribunal peut après avoir entendu le rapport du juge-commissaire et les conclusions du ministère public rejeter la demande en interdiction.

IX. — La monomanie peut être une cause d'interdiction.

X. — Le privilége des frais de la dernière maladie s'étend à tous les cas sans distinguer si le malade est mort.

XI. — La reconnaissance d'un enfant naturel après son décès est valable.

XII. — Le conjoint séparé de corps, ne peut, en se faisant naturaliser à l'étranger, dans un pays où le divorce est admis, contracter un nouveau mariage du vivant de son conjoint.

XIII. — Dans le cas de vente d'un immeuble dotal, l'hypothèque légale de la femme prend date du jour du mariage, lorsque cette vente a eu lieu en vertu d'une convention insérée dans le contrat de mariage.

XIV. — D'après l'art. 694 une servitude est établie par destination du père de famille, lors même qu'elle n'est qu'apparente pourvu que le contrat ne contienne aucune convention relative à la servitude.

DROIT COUTUMIER.

I. — La part de communauté d'une femme qui a commis un crime et qui pour ce fait a encouru la mort civile augmente la part du mari.

II. — C'est le magistrat qui doit connaître l'opposition du mariage faite par les parents du fou.

DROIT PÉNAL.

I. — L'interdiction légale ne frappe pas le condamné par contumace.

II. — L'interdit légal peut se marier, reconnaître un enfant naturel, tester.

III. — Il n'est pas nécessaire qu'un tribunal de commerce ait déclaré la faillite d'un commerçant pour qu'il soit condamné comme banqueroutier.

DROIT DES GENS.

I. — Les jugements rendus par les tribunaux étrangers n'ont pas autorité en France.

II. — Un blocus est obligatoire dès qu'il est effectivement établi.

Vu par le Président de la thèse,
E. MACHELARD,

Vu par le Doyen :
COLMET-DAAGE.

Permis d'imprimer :
Le Vice-Recteur de l'Académie de Paris,
A. MOURIER.

Paris. — Impr. F. PICHON, 24, rue des Feuillantines, et 14, rue Cujas.

IMPRIMRIE SPÉCIALE DES THÈSES DE DROIT

F. Picнoн, 51, rue des Feuillantines.

9 782019 664565